© Verlag Zabert Sandmann
München
4. Auflage 2004
ISBN 3-89883-096-9

Grafische Gestaltung Verena Fleischmann
Rezeptfotos Christian R. Schulz (Coverfoto: Susie Eising)
Foodstyling Monika Schuster
Rezeptbearbeitung Monika Reiter, Jane Hunt, Danilo Munisso
Redaktion Eva Abenstein, Kathrin Ullerich,
Nicole Fischer
Herstellung Karin Mayer, Peter Karg-Cordes
Lithografie inteca Media Service GmbH, Rosenheim
Druck & Bindung Mohn Media · Mohndruck GmbH, Gütersloh

In Zusammenarbeit mit dem Bayerischen Fernsehen und
der TR-Verlagsunion GmbH, München

Besuchen Sie uns auch im Internet unter www.zsverlag.de

Alfons Schuhbecks

Meine
Italienische
Hausmannskost
für
Feinschmecker

ZABERT
SANDMANN

Inhalt

Bella Italia! *Der Geschmack nach Sonne, Sommer und Süden – das ist es, was ich an der italienischen Küche so schätze. Alle Zutaten sind frisch, mit den Produkten wird gleichermaßen respekt- wie gefühlvoll umgegangen. Und was das Wichtigste ist: Alles schmeckt so, wie es schmecken muss. Was gibt es Schöneres, als am Meer zu sitzen, frische Meeresfrüchte zu essen und dazu ein Glas Wein zu trinken. Herrlich!*

Jeder Urlaub *geht zu Ende, aber glücklicherweise kann man – zumindest in der Küche – ganz leicht für Ferienstimmung sorgen und die Erinnerungen an den Süden wieder aufleben lassen. Dafür kann Ihnen dieses Buch sicherlich einige reizvolle Anregungen geben. Bei den Rezepten habe ich mich zwar von den Spezialitäten der italienischen Küche inspirieren lassen, sie aber nach meinem Geschmack variiert und verfeinert: Es sind Gerichte, die italienisches Flair und einen südländischen Charakter haben, aber überhaupt nicht den Anspruch erheben, so zu sein wie das Original. Denn das ist meist – und gerade bei den Italienern – sowieso nicht zu übertreffen. Meine italienische Hausmannskost ist ein bayerisch-italienisches Küchen-Crossover. München trifft auf Mailand und Regensburg auf Rom. Die Gerichte sind in Bayern daheim und geschmacklich in Italien zu Hause. Die Minestrone zum Beispiel kommt mit bayerischen Grießnockerln daher, die Cannelloni sind mit Fleischpflanzerln gefüllt und meine Melonensuppe mit Marzipan-Ravioli ist so raffiniert, dass sie sowohl Bayern als auch Italienern schmeckt. Alle Rezepte sind leicht nachvollziehbar. Sie sind unkompliziert und einfach – so wie ja auch die Italiener kochen. Mit nur wenigen Zutaten zaubern sie kulinarische Sensationen, ohne dass die Saucen stundenlang einreduziert werden müssen oder unzählige Kräuter und Gewürze miteinander konkurrieren.*

Ich koche so, *wie es Elmar Wepper, mein Freund und Koch-Partner im Bayerischen Fernsehen, einmal treffend auf den Punkt gebracht hat: »Beim Italiener, da krieg ich es original. Und bei Dir Schuhbeckial!« In diesem Sinne wünsche ich Ihnen viel Spaß beim Nachkochen und vor allem beim Genießen meiner italienischen Hausmannskost.*

Ihr Alfons Schuhbeck

Antipasti

Carpaccio vom Rind mit Parmesankörbchen

Für das Parmesankörbchen:

60 g frisch geriebener Parmesan

Für den Limettenrahm:

100 g Crème fraîche

4–5 EL Sahne

1 TL Limettensaft

½ TL abgeriebene unbehandelte Limettenschale

Salz · Pfeffer aus der Mühle

Cayennepfeffer

Für den Salat:

100 g kleine Champignons

½ TL Limettensaft

1 EL Olivenöl

Salz · Pfeffer aus der Mühle

einige Basilikumblätter

Für das Carpaccio:

400 g Rinderfilet (küchenfertig)

5 EL Olivenöl

Saft von 1 Limette

Salz · Pfeffer aus der Mühle

Für 4 Personen

1 Für das Parmesankörbchen eine beschichtete Pfanne bei mittlerer Hitze erwärmen. Jeweils ein Viertel des geriebenen Parmesans kreisförmig hineinstreuen und schmelzen lassen. Den Käse hell bräunen lassen, die Pfanne vom Herd nehmen und die Parmesanhippe darin kurz abkühlen lassen, bis der Rand fest zu werden beginnt. Mit einer Palette vorsichtig aus der Pfanne lösen, sofort in ein kleines Schälchen drücken und abkühlen lassen.

2 Für den Limettenrahm die Crème fraîche mit der Sahne und dem Limettensaft glatt rühren und die Limettenschale unterrühren. Mit Salz, Pfeffer und Cayennepfeffer würzen.

3 Für den Salat die Champignons putzen, nicht waschen, und vierteln. Limettensaft und Olivenöl verrühren und mit Salz und Pfeffer würzen. Die Champignons und das Basilikum unterheben.

4 Für das Carpaccio das Rinderfilet zuerst in dünne Scheiben, dann in etwa 1 ½ cm große Stücke schneiden. Zwischen zwei Lagen geölter Frischhaltefolie mit der flachen Seite eines Schnitzelklopfers gleichmäßig dünn klopfen.

5 Vier flache Teller mit Olivenöl bestreichen, etwas Limettensaft darauf träufeln, leicht salzen und pfeffern. Die Rindfleischscheiben vorsichtig von der Folie lösen und leicht überlappend auf den Tellern anrichten. Die Fleischscheiben dünn mit dem restlichen Olivenöl bestreichen, mit Limettensaft beträufeln und leicht mit Salz und Pfeffer würzen. Die Parmesankörbchen jeweils in die Mitte setzen und mit dem Champignonsalat füllen. Das Carpaccio mit dem Limettenrahm beträufeln und nach Belieben mit Rucola garnieren.

» Wird das Carpaccio wie oben beschrieben geschnitten, muss man es vorher nicht anfrieren. Das Carpaccio kann mit Frischhaltefolie abgedeckt mehrere Stunden im Kühlschrank aufbewahrt werden. «

Kalbsrücken mit Kapern-Rosinen-Vinaigrette

Für den Kalbsrücken:

600 g Kalbsrücken
(küchenfertig, ohne Sehnen)
Salz · Pfeffer aus der Mühle
3 EL braune Butter (siehe Tipp)
1 Knoblauchzehe
2–3 Thymianzweige

Für die Vinaigrette:

1 EL süßsauer eingelegter Kürbis
½ Knoblauchzehe
2 EL weißer Balsamicoessig
5 EL Geflügelbrühe
Salz · Pfeffer aus der Mühle
1 Prise Zucker
2 EL Olivenöl
1 EL Granatapfelkerne
1 EL Rosinen
1 EL eingelegte Kapern

Für die Spinatgarnitur:

150 g Spinatblätter
1 EL Pinienkerne

Für 4 Personen · siehe Foto rechts

1 Für den Kalbsrücken das Fleisch mit Salz und Pfeffer würzen, in eine Vakuumtüte legen und die braune Butter dazugießen. Den Knoblauch schälen, in Scheiben schneiden und mit dem Thymian hinzufügen. Das Fleisch vakuumieren (mithilfe eines Vakuumiergeräts).

2 In einem Topf reichlich Wasser auf 90 bis 95 °C erhitzen, den vakuumierten Kalbsrücken hineinlegen und bei milder Hitze etwa 50 Minuten ziehen lassen.

3 Für die Vinaigrette den Kürbis abtropfen lassen und in sehr kleine Würfel schneiden. Den Knoblauch schälen und in kleine Würfel schneiden. Mit dem Essig, der Brühe, etwas Salz und Pfeffer und dem Zucker verrühren. Nach und nach das Olivenöl unterrühren. Kürbiswürfel, Granatapfelkerne, Rosinen und Kapern untermischen.

4 Für die Spinatgarnitur den Spinat verlesen, waschen und trockenschütteln, grobe Stiele entfernen. Die Pinienkerne in einer Pfanne ohne Fett goldbraun rösten.

5 Den pochierten Kalbsrücken lauwarm in dünne Scheiben schneiden und auf Tellern anrichten. Den Spinat daneben setzen und die Vinaigrette darüber verteilen. Mit den gerösteten Pinienkernen bestreut servieren.

» Wer kein Vakuumiergerät zu Hause hat, kann den Kalbsrücken auch im Backofen garen: Dafür den Ofen auf 100 °C vorheizen. Den gewürzten Kalbsrücken in 1 bis 2 EL Öl von allen Seiten anbraten und auf einem Ofengitter auf der mittleren Schiene im Ofen etwa 1 ¼ Stunden rosa garen.
Braune Butter erhalten Sie, wenn Sie die gewünschte Menge Butter bei mittlerer Hitze langsam erhitzen, bis sie goldbraun ist und ein nussiges Aroma hat. «

Vitello tonnato

Für das Vitello tonnato:

1 Rezept Thunfischsauce
(siehe Seite 14)
600 g pochierter Kalbsrücken
(siehe Rezept Seite 12)
Salz · Pfeffer aus der Mühle

Zum Fertigstellen:

2 TL eingelegte Kapern
8–10 eingelegte Sardellenfilets
einige Petersilienstiele

Für 4 Personen

1 Für das Vitello tonnato die Thunfischsauce nach dem Rezept auf
Seite 14 zubereiten.

2 Den pochierten Kalbsrücken mit einem scharfen Messer oder der
Aufschnittmaschine in dünne Scheiben schneiden. Das Fleisch auf
vier flachen Tellern oder einer Servierplatte auslegen und mit Salz
und Pfeffer würzen.

3 Zum Fertigstellen das aufgeschnittene Kalbfleisch mit der Thunfischsauce beträufeln und mit den Kapern bestreuen. Die Sardellenfilets
auf Küchenpapier abtropfen lassen, der Länge nach halbieren und auf
die Sauce legen. Die Petersilienblätter von den Stielen zupfen und das
Vitello tonnato damit garnieren.

Kalbfleischtatar mit Thunfischsauce

Für das Tatar:

500 g Kalbfleisch (aus der Keule;
küchenfertig)
Salz · Pfeffer aus der Mühle
Cayennepfeffer · 1 Prise Zucker
1 kleine Essiggurke
5 Schnittlauchhalme
2 EL Tomatenketchup
1–2 TL scharfer Senf
1 Msp abgeriebene unbehandelte
Limettenschale
1 EL Olivenöl

Für die Sauce:

150 g eingelegter Thunfisch (in Öl)
4 eingelegte Sardellenfilets
60 ml Gemüsebrühe
Saft von ½ Zitrone
2 EL Mascarpone
80 ml Olivenöl
2 EL eingelegte Kapern
Salz · Pfeffer aus der Mühle
Cayennepfeffer · 1 Prise Zucker

Zum Fertigstellen:

1 Tomate · einige Salatblätter
(z. B. Rucola und Castelfranco)
1 unbehandelte Limette
8 Kapernäpfel

Für 4 Personen · siehe Foto rechts

1 Für das Tatar das Kalbfleisch in Würfel schneiden, mit Salz, Pfeffer, Cayennepfeffer und Zucker würzen. Die Fleischwürfel durch den Fleischwolf drehen.

2 Die Essiggurke in sehr kleine Würfel schneiden. Den Schnittlauch in feine Röllchen schneiden. Gurkenwürfel und Schnittlauch mit dem Ketchup, dem Senf, der Limettenschale und dem Olivenöl unter das Hackfleisch mischen. Das Tatar mit Salz und Pfeffer abschmecken.

3 Für die Sauce den Thunfisch und die Sardellenfilets abtropfen lassen. Thunfisch, Sardellen, Brühe, Zitronensaft und Mascarpone im Küchenmixer oder mit dem Stabmixer zu einer glatten Creme pürieren, dabei nach und nach das Olivenöl dazugießen. Die Kapern untermischen und die Sauce mit Salz, Pfeffer, Cayennepfeffer und Zucker würzen.

4 Zum Fertigstellen die Tomate waschen, halbieren, entkernen und in sehr kleine Würfel schneiden. Die Salatblätter waschen, trockenschütteln und in mundgerechte Stücke zupfen. Die Limette heiß waschen, abtrocknen und in Spalten schneiden.

5 Aus dem Kalbfleischtatar vier gleich große Hacksteaks formen und mit der Thunfischsauce und den Salatblättern auf flachen Tellern anrichten. Mit Kapernäpfeln, Tomatenwürfeln und Limettenspalten garnieren.

≫ Wenn Sie keinen Fleischwolf haben, lassen Sie das Kalbfleisch vom Metzger zu Hackfleisch verarbeiten oder hacken Sie es mit einem scharfen Messer sehr klein.
Sie können das Tatar einige Stunden vor dem Servieren zubereiten. Es sollte dann abgedeckt kühl gestellt werden, damit es seine rosa Farbe behält. Vor dem Anrichten noch einmal nachwürzen, da das Tatar während des Durchziehens etwas an Geschmack verliert. ≪

Thunfischtatar mit Pfefferrahm

Für den Pfefferrahm:

100 g Crème fraîche

4–5 EL Sahne

½ TL scharfer Senf

einige Tropfen Zitronensaft

Salz · Cayennepfeffer

Für das Tatar:

1 unbehandelte Limette

500 g Thunfischsteak

(Sushi-Qualität; küchenfertig)

2–3 EL Olivenöl

Salz · Pfeffer aus der Mühle

Für 4 Personen

1 Für den Pfefferrahm die Crème fraîche mit der Sahne und dem Senf glatt rühren. Mit Zitronensaft, Salz und Cayennepfeffer kräftig würzen.

2 Für das Tatar die Limette heiß waschen und abtrocknen. Die Schale fein abreiben und den Saft auspressen. Den Thunfisch zuerst in dünne Scheiben, dann in sehr kleine Würfel schneiden und mit dem Olivenöl vermischen. Mit Limettensaft und -schale, Salz und Pfeffer würzen.

3 Aus dem Thunfischtatar vier gleich große Hacksteaks formen, rautenförmig einkerben und mit dem Pfefferrahm auf Tellern anrichten.

»Achten Sie beim Kauf des Thunfischs auf absolute Frische und verarbeiten Sie den Fisch noch am Einkaufstag.«

Radicchiosalat mit Speck, Feige und Gorgonzola-Polenta

Für die Polenta:

1 l Milch · Salz

250 g Polentagrieß

80 g Gorgonzola

30 g frisch geriebener Parmesan

1 Thymianzweig

2 Eier

Pfeffer aus der Mühle

frisch geriebene Muskatnuss

Für den Salat:

120 g durchwachsener Speck
(in dünnen Scheiben)

1 EL Öl · 1 Kopf Radicchio

2 große Feigen

2 TL Puderzucker

5 EL Rotweinessig

5 EL Gemüsebrühe

1–2 EL Balsamicoessig

1 EL Olivenöl

1 EL braune Butter (siehe Seite 12)

2 Scheiben Knoblauch

1 Thymianzweig

1 kleines Stück unbehandelte
Orangenschale

Salz · Pfeffer aus der Mühle

Zum Fertigstellen:

30 g frisch geriebener Parmesan

1 EL Thymian (gehackt)

2 EL weiche Butter

Öl für das Blech

Für 4 Personen

1 Für die Polenta die Milch mit Salz aufkochen, den Polentagrieß unter Rühren einrieseln lassen und bei milder Hitze unter Rühren 10 bis 15 Minuten köcheln lassen. Vom Herd nehmen, den Gorgonzola zerkleinern und mit Parmesan und Thymian unter die Polenta rühren. Die Eier hinzufügen und die Polenta mit Salz, Pfeffer und Muskatnuss abschmecken. Den Thymian wieder entfernen.

2 Ein Backblech mit Wasser bestreichen und mit Backpapier auslegen. Die Polentamasse gut 1 cm hoch glatt darauf streichen, mit Frischhaltefolie abdecken und im Kühlschrank abkühlen lassen. Aus der Masse mit einem runden Ausstecher (4 cm Durchmesser) Kreise ausstechen und bis zum Weiterverarbeiten kühl stellen.

3 Für den Salat den Speck in 2 cm breite Streifen schneiden. In einer Pfanne im Öl bei milder Hitze kross braten und auf Küchenpapier abtropfen lassen.

4 Den Radicchio putzen, waschen, trockenschleudern und in mundgerechte Stücke zupfen. Die Feigen waschen und in Spalten schneiden.

5 Den Puderzucker in einer Pfanne bei milder Hitze hell karamellisieren lassen und die Feigenspalten darin 1 bis 2 Minuten andünsten. Mit Rotweinessig ablöschen und auf ein Drittel reduzieren lassen. Die Pfanne vom Herd nehmen, die Brühe und den Balsamicoessig hinzufügen und das Olivenöl und die braune Butter unterrühren. Knoblauch, Thymian und Orangenschale einige Minuten darin ziehen lassen und wieder entfernen. Die Vinaigrette mit Salz und Pfeffer abschmecken.

6 Zum Fertigstellen den Backofen auf 200 °C vorheizen. Den Parmesan mit dem Thymian mischen und auf die Polentascheiben streuen. Die weiche Butter in Flöckchen darauf setzen. Ein Backblech einfetten, die Polentascheiben darauf legen und im vorgeheizten Ofen 3 Minuten erwärmen. Den Backofengrill dazuschalten und die Polenta etwa 2 Minuten goldbraun überbacken.

7 Den Radicchio mit den Feigenspalten und der Vinaigrette mischen. Den Salat mit der Gorgonzola-Polenta und dem Speck anrichten und sofort servieren.

Eingelegtes Gemüse mit Oktopus

Für das eingelegte Gemüse:

je 1 rote und gelbe Paprikaschote

3 EL Olivenöl

1 Fenchelknolle

½–1 kleiner Zucchino

2 kleine Möhren

Salz · Pfeffer aus der Mühle

Cayennepfeffer

einige kleine Thymianzweige

1 Knoblauchzehe

ca. 120 ml Olivenöl

zum Einlegen

Für den Oktopus:

1 kleiner Oktopus (ca. 700 g; küchenfertig)

1 kleine Zwiebel

1 Lorbeerblatt

2 Nelken

Salz · Pfeffer aus der Mühle

Für 4 Personen

1 Für das eingelegte Gemüse den Backofengrill einschalten. Die Paprika vierteln, entkernen und waschen. Die Viertel mit der Hautseite nach oben auf ein Backblech legen, mit 1 EL Olivenöl bestreichen und unter dem Grill so lange garen, bis die Haut dunkle Blasen wirft. Herausnehmen, etwas abkühlen lassen, häuten und in nicht zu kleine Stücke schneiden.

2 Fenchel und Zucchino putzen, waschen und in 3 mm dicke Scheiben schneiden. Die Möhren schälen und in dünne Scheiben schneiden. In Salzwasser blanchieren, in Eiswasser abschrecken und auf einem Sieb abtropfen lassen.

3 Fenchel- und Zucchinischeiben getrennt in je 1 EL Olivenöl bei milder Hitze von beiden Seiten anbraten. Mit Salz, Pfeffer und Cayennepfeffer würzen und den Thymian hinzufügen.

4 Alle Gemüsesorten in eine tiefe Auflaufform geben. Den Knoblauch schälen und in feine Scheiben schneiden. Mit dem Olivenöl unter das Gemüse mischen.

5 Für den Oktopus die Fangarme des Oktopus so vom Kopfteil abschneiden, dass sie noch zusammenhängen. Die Fangarme gründlich unter fließendem kaltem Wasser waschen und trockentupfen.

6 Die Zwiebel schälen, mit Lorbeerblatt und Nelken spicken. Den Oktopus mit der gespickten Zwiebel in einen Topf geben und mit so viel Wasser auffüllen, dass der Oktopus vollständig bedeckt ist. Salzen und die Flüssigkeit einmal aufkochen lassen. Die Hitze reduzieren und den Oktopus etwa 1 ½ Stunden sanft köcheln lassen, bis er weich ist.

7 Den Oktopus aus dem Sud heben und abkühlen lassen. Dann in Stücke schneiden und unter das Gemüse mischen. Mit Salz und Pfeffer würzen und vor dem Servieren mindestens 1 Stunde ziehen lassen.

»*Das Gemüse mit Oktopus kann gut vorbereitet werden. Mit Frischhaltefolie abgedeckt hält es sich im Kühlschrank 1 bis 2 Tage. Etwa 2 Stunden vor dem Servieren aus dem Kühlschrank nehmen, dann schmeckt es am besten.*«

Tintenfisch-Möhren-Salat mit schwarzen Nudelfleckerln

Für die Nudelfleckerln:

140 g Mehl · 60 g Weizengrieß

1 Ei · 1 Eigelb

1–2 EL Tintenfischtinte

(3 Päckchen = 12 g)

4–5 EL Olivenöl · Salz

Mehl zum Ausrollen

Für die Marinade:

1/8 l Gemüsebrühe

1 TL scharfer Senf

einige Tropfen Limettensaft

je 1 Msp abgeriebene unbehandelte

Limetten- und Orangenschale

2 EL Olivenöl

Salz · Pfeffer aus der Mühle

1 Prise Zucker · Cayennepfeffer

Für den Salat:

1 große Möhre · Salz

700 g kleine Tintenfische

(Calamaretti)

2 EL Öl · 1 Knoblauchzehe

1 Streifen unbehandelte

Zitronenschale

1 kleiner Rosmarinzweig

Pfeffer aus der Mühle

Fenchelsamen aus der Mühle

Zum Anrichten:

einige Minzeblätter

Für 4 Personen

1 Für die Nudelfleckerln Mehl, Grieß, Ei, Eigelb, Tinte, 2 EL Olivenöl und 1 Prise Salz in der Küchenmaschine zu einem glatten, elastischen Teig verkneten. Den Teig in Frischhaltefolie wickeln und mindestens 30 Minuten kühl stellen. Mit der Nudelmaschine oder dem Nudelholz dünn ausrollen, dabei mit etwas Mehl bestäuben. Mit dem Teigrad 2 cm große Rauten ausschneiden und auf einem mit Mehl bestäubten Küchentuch auslegen.

2 Die Nudelfleckerln in reichlich Salzwasser etwa 2 Minuten ziehen lassen, in ein Sieb abgießen und abtropfen lassen. Auf einem Tablett ausbreiten, kurz ausdampfen lassen und mit dem restlichen Olivenöl vermischen.

3 Für die Marinade die Brühe mit Senf, Limettensaft, Limetten- und Orangenschale und Olivenöl verrühren. Mit Salz, Pfeffer, Zucker und Cayennepfeffer abschmecken.

4 Für den Salat die Möhre schälen und schräg in möglichst dünne Scheiben hobeln. In Salzwasser blanchieren, in Eiswasser abschrecken und auf einem Sieb abtropfen lassen.

5 Kopf und Arme der Tintenfische mit den Innereien aus dem Körperbeutel ziehen und das durchsichtige Fischbein entfernen. Den Kopf von den Tintenfischarmen abtrennen und darauf achten, dass dabei auch der harte »Schnabel« entfernt wird. Von den Körperbeuteln die braunviolette Haut abziehen, die Beutel längs aufschneiden und die restlichen Innereien entfernen. Die Tintenfischbeutel und -arme unter fließendem kaltem Wasser waschen und trockentupfen.

6 Die Tintenfischbeutel in 3 cm große Stücke schneiden. Tintenfischbeutel und -arme in einer Pfanne im Öl mit dem ungeschälten Knoblauch, der Zitronenschale und dem Rosmarin 1 bis 2 Minuten anbraten. Mit Salz, Pfeffer und frisch gemahlenem Fenchel würzen, den Rosmarin wieder entfernen.

7 Die gebratenen Tintenfische mit den Nudelfleckerln, den Möhrenscheiben und der Marinade mischen und mit Salz und Pfeffer würzen.

8 Den Tintenfisch-Möhren-Salat auf einer Platte anrichten und mit der Minze garnieren.

Artischockensalat mit Garnelen und Thunfischscheiben

Für den Thunfisch und die Garnelen:

150 g Thunfischsteak
(Sushi-Qualität; küchenfertig)
12 Riesengarnelen
1 l Gemüsebrühe
1 Thymianzweig
1 Streifen unbehandelte Zitronenschale
1 Knoblauchzehe

Für den Salat:

150 g weiße Riesenbohnen
(aus der Dose)
1 kleine weiße Zwiebel
1 Stange Staudensellerie
50 g schwarze und grüne Oliven
4 Artischocken
1–2 EL Olivenöl

Für die Marinade:

einige Tropfen Limettensaft
etwas abgeriebene unbehandelte Limettenschale
4 EL Olivenöl
Salz · Cayennepfeffer

Zum Fertigstellen:

Salz · Pfeffer aus der Mühle
1–2 TL eingelegte Kapern

Für 4 Personen

1 Den Thunfisch in möglichst dünne Scheiben schneiden. Falls die Scheiben nicht dünn genug sind, zwischen zwei Lagen geölter Frischhaltefolie noch etwas flach klopfen. Auf Tellern anrichten und abgedeckt kühl stellen.

2 Die Garnelen bis auf das Schwanzstück schälen, am Rücken entlang einschneiden und den Darm entfernen. Die Garnelen waschen und trockentupfen. In einem Topf die Brühe mit dem Thymian, der Zitronenschale und dem ungeschälten Knoblauch aufkochen und vom Herd nehmen. Die Garnelen in den Sud legen und darin 2 bis 3 Minuten ziehen lassen. Mit einer Schaumkelle herausheben und beiseite stellen.

3 Für den Salat die Bohnen in ein Sieb abgießen, kalt waschen und abtropfen lassen. Die Zwiebel schälen und in kleine Würfel schneiden. Den Staudensellerie putzen, waschen und in Scheiben schneiden. Die Oliven halbieren und den Stein entfernen.

4 Von den Artischocken die holzigen äußeren Blätter abschneiden und den Stiel schälen. Die Artischocken vierteln und das Heu entfernen. In einer großen Pfanne im Olivenöl bei milder Hitze von allen Seiten goldbraun anbraten, mit dem Garnelensud ablöschen und knapp unter dem Siedepunkt 5 Minuten ziehen lassen. Zwiebelwürfel und Selleriescheiben hinzufügen und weitere 2 Minuten ziehen lassen. Das Gemüse in ein Sieb abgießen, dabei den Fond auffangen.

5 Für die Marinade von dem aufgefangenen Fond ¼ l abmessen. Mit Limettensaft, Limettenschale, Olivenöl, Salz und Cayennepfeffer verrühren.

6 Zum Fertigstellen Garnelen und Artischocken mit dem Gemüse, den Oliven und der Marinade mischen, den Knoblauch und den Thymian wieder entfernen. Den Salat mit Salz und Pfeffer abschmecken, auf den Thunfischscheiben anrichten und mit den Kapern bestreuen.

≫ Damit sich die Artischockenviertel nicht unschön verfärben, sollten Sie die einzelnen Artischocken sofort nach dem Putzen in Zitronenwasser legen. ≪

Brezensalat

Für 4 Personen

Für den Salat:

2 Brezenstangen

3 EL Olivenöl

1 Knoblauchzehe

1 Rosmarinzweig

200 g Cocktailtomaten

½ Salatgurke

1 kleine rote Zwiebel

½ Kopf Romanasalat

½ Kopf Castelfranco
(weißer Radicchio)

80 g feine grüne Bohnen · Salz

8 Wachteleier

8 hauchdünne Scheiben
Südtiroler Speck

Für die Vinaigrette:

60 ml Gemüsebrühe

1 EL Rotweinessig

2 EL Balsamicoessig

1 EL Vin Santo
(ital. Dessertwein)

1 Msp scharfer Senf

4 EL Olivenöl

Salz · Pfeffer aus der Mühle

Cayennepfeffer · 1 Prise Zucker

Zum Fertigstellen:

50 g schwarze Oliven

1 Für den Salat das Salz von den Brezenstangen entfernen und die Brezenstangen in dünne Scheiben schneiden. In einer Pfanne das Olivenöl erhitzen, den ungeschälten Knoblauch und den Rosmarin hinzufügen und die Brezenscheiben darin von beiden Seiten kross anbraten. Auf Küchenpapier abtropfen lassen.

2 Die Cocktailtomaten waschen und halbieren. Die Gurke gründlich waschen, längs halbieren, entkernen und in Scheiben schneiden. Die Zwiebel schälen und in Streifen schneiden. Romanasalat und Castelfranco putzen, waschen, trockenschleudern und in mundgerechte Stücke zupfen.

3 Die grünen Bohnen in Salzwasser 3 Minuten blanchieren, in Eiswasser abschrecken und abtropfen lassen. Die Wachteleier in kochendem Wasser 3 Minuten garen, kalt abschrecken, pellen und halbieren. Den Speck nach Belieben klein schneiden.

4 Für die Vinaigrette die Brühe, beide Essigsorten, den Vin Santo und den Senf verrühren. Nach und nach das Olivenöl unterschlagen. Die Vinaigrette mit Salz, Pfeffer, Cayennepfeffer und Zucker würzen.

5 Zum Fertigstellen Tomaten, Gurke, Zwiebel, Bohnen und Salat mit der Vinaigrette vermischen und mit den kross gebratenen Brezenscheiben und dem Speck auf Tellern anrichten. Mit den Oliven und den Wachteleiern garnieren.

» Der Radicchio di Castelfranco hat lockere elfenbeinfarbene, violett gesprenkelte Blätter. Er ist milder im Geschmack als der bei uns sonst verwendete rotviolette Radicchio, der aber durchaus eine gute Alternative ist. «

Kartoffel-Focaccia

Für den Teig:

200 g mehlig kochende Kartoffeln
1 TL ganzer Kümmel · Salz
15 g Hefe · 500 g Mehl
Mehl zum Bestäuben
½ TL Zucker
5 EL Olivenöl

Zum Fertigstellen:

8 EL Olivenöl
Mehl zum Ausrollen
2 EL Rosmarin (grob gehackt)

Zum Servieren:

2–3 EL Olivenöl

Für 1 Focaccia

1 Für den Teig die Kartoffeln waschen und mit dem Kümmel in Salzwasser weich kochen. Abgießen, pellen, durch die Kartoffelpresse drücken und abkühlen lassen, bis sie nur noch lauwarm sind. Von der Kartoffelmasse 150 g abwiegen.

2 In einem kleinen Topf 5 EL Wasser erwärmen und die Hefe darin glatt rühren. Das Mehl in eine Schüssel sieben und in die Mitte eine Mulde drücken. Die aufgelöste Hefe mit dem Zucker hineingeben und mit etwas Mehl vom Rand zu einem zähen Vorteig verrühren. Mit Mehl bestäuben, mit Frischhaltefolie abdecken und an einem warmen Ort 15 Minuten gehen lassen, bis sich im Mehl Risse zeigen.

3 Den Vorteig mit dem Mehl in der Schüssel, den lauwarmen Kartoffeln, dem Olivenöl und ¼ l Wasser vermischen. 2 bis 3 TL Salz hinzufügen und den Teig 5 bis 10 Minuten in der Küchenmaschine zu einem geschmeidigen, weichen Teig verkneten, der Luftblasen schlägt. Den Teig in eine Schüssel geben, mit Frischhaltefolie abdecken und bei Zimmertemperatur 1 Stunde gehen lassen.

4 Zum Fertigstellen den Backofen auf 200 °C vorheizen. Einen rechteckigen Backrahmen in Backblechgröße auf ein Backblech stellen. Das Blech und den Backrahmen mit 3 EL Olivenöl einfetten. Den Teig kurz durchkneten und auf der bemehlten Arbeitsfläche 1 ½ bis 2 cm dick auf die Größe des Backrahmens ausrollen. In den Backrahmen legen und den Backrahmen straff mit Frischhaltefolie bespannen. Den Teig nochmals 1 Stunde gehen lassen.

5 Dann die Folie so abnehmen, dass sie die Teigoberfläche nicht berührt, damit der Teig schön luftig bleibt. Das restliche Olivenöl mit einem Löffelrücken vorsichtig auf dem Teig verteilen und die Focaccia mit Rosmarin bestreuen.

6 Die Kartoffel-Focaccia im vorgeheizten Ofen auf der mittleren Schiene etwa 1 Stunde backen. Herausnehmen, abkühlen lassen, vierteln, in Frischhaltefolie wickeln und im Kühlschrank aufbewahren.

7 Zum Servieren die Focaccia in knapp 1 cm dicke Scheiben schneiden, auf ein Backblech legen und mit dem Olivenöl bestreichen. Den Backofengrill einschalten und die Focacciascheiben unter dem Grill goldgelb rösten.

Mozzarellabrot

500 g Mehl
Salz
1 Prise Zucker
15 g Hefe
Mehl zum Bestäuben
500 g Mozzarella
Öl für das Blech

Für 4 Brote

1 Für den Teig das Mehl mit 2 bis 3 TL Salz vermischen, in eine Schüssel sieben und in die Mitte eine Mulde drücken.

2 In einem kleinen Topf 5 EL Wasser erwärmen, den Zucker hinein-streuen und die Hefe darin glatt rühren. Die aufgelöste Hefe in die Mehlmulde geben und mit etwas Mehl vom Rand zu einem zähen Vor-teig verrühren. Mit Mehl bestäuben, mit Frischhaltefolie abdecken und an einem warmen Ort etwa 15 Minuten gehen lassen, bis sich im Mehl Risse zeigen.

3 Den Mozzarella klein schneiden, auf einem Sieb etwas ausdrücken und den Käse im Küchenmixer fein pürieren. Den Vorteig mit dem Mehl in der Schüssel, dem Mozzarella und $1/4$ l Wasser vermischen und den Teig 5 bis 10 Minuten in der Küchenmaschine zu einem geschmeidi-gen, weichen Teig verkneten, der Luftblasen schlägt. Den Teig in eine Schüssel geben, mit Frischhaltefolie abdecken und bei Zimmertem-peratur 1 Stunde gehen lassen.

4 Einen rechteckigen Backrahmen in Backblechgröße auf ein einge-fettetes Backblech stellen. Den Teig kurz durchkneten, mit wenig Mehl bestäuben und zu 4 Baguettes formen. Die Baguettes mit etwas Abstand in den Backrahmen legen. Den Backrahmen straff mit Frischhaltefolie bespannen und die Brote 1 Stunde gehen lassen.

5 Den Backofen auf 200 °C vorheizen. Die Folie so abnehmen, dass sie die Brote nicht berührt, damit die Oberfläche nicht reißt. Den Teig mit Wasser bestreichen und mit einem scharfen Messer drei- bis viermal schräg einritzen. Nach Belieben mit Mohn oder Oregano bestreuen. Die Mozzarellabrote im vorgeheizten Ofen auf der unteren Schiene 20 Minuten goldbraun backen.

» Der Backrahmen wird in diesem Rezept nicht benötigt, um die Brote in Form zu halten. Er sorgt vielmehr dafür, dass die Folie den Brotteig während des Gärprozesses nicht berührt, da dieser relativ weich ist und beim Abnehmen der Folie einreißen könnte. Dadurch würden die Brote an Luftigkeit verlieren. «

Gorgonzola-Birnen-Pizza mit Parmaschinken

Für den Ricottateig:

50 g Ricotta · 3 EL Olivenöl

3 EL Milch · Salz

150 g Mehl

1 gestr. TL Backpulver (ca. 4 g)

Für die Gorgonzolacreme:

100 g reifer Gorgonzola

1 EL Milch

100 g Frischkäse · 1 Eigelb

Salz · 1 Prise Zucker

Cayennepfeffer

frisch geriebene Muskatnuss

3 Salbeiblätter

Zum Fertigstellen:

2 reife Birnen

Mehl zum Ausrollen

2 Feigen

15—20 kernlose weiße

Weintrauben

6 hauchdünne Scheiben

Parmaschinken

Für 2 Pizzen (à ca. 15 cm Durchmesser)

1 Für den Ricottateig Ricotta, Olivenöl, 3 EL Wasser, Milch und ½ TL Salz verrühren. Mehl und Backpulver dazusieben und alle Zutaten zu einem geschmeidigen Teig verkneten. Falls nötig, noch etwas Milch oder Mehl hinzufügen. Den Teig in Frischhaltefolie wickeln und bei Zimmertemperatur 15 Minuten ruhen lassen.

2 Für die Gorgonzolacreme den Gorgonzola mit einer Gabel leicht zerdrücken. Mit der Milch, dem Frischkäse und dem Eigelb in einen Rührbecher füllen und mit dem Stabmixer zu einer glatten Creme pürieren. Mit Salz, Zucker, Cayennepfeffer und 1 Prise Muskatnuss würzen. Den Salbei in feine Streifen schneiden und unterrühren.

3 Zum Fertigstellen den Backofen auf 200 °C vorheizen und einen Pizzastein in den Ofen legen. Die Birnen schälen, vierteln, entkernen und in schmale Spalten schneiden.

4 Den Teig auf der bemehlten Arbeitsfläche zu zwei dünnen, runden Fladen von etwa 20 cm Durchmesser ausrollen und auf Backpapier legen, dabei einen leicht erhöhten Rand formen.

5 Die Birnen fächerförmig auf dem Teig verteilen und mit der Gorgonzolacreme bestreichen. Die Pizzen mit dem Backpapier auf den Pizzastein setzen und im vorgeheizten Ofen 10 bis 12 Minuten backen, bis die Unterseite hell gebräunt ist. Falls die Gorgonzolacreme zu schnell bräunt, die Pizzen mit Alufolie abdecken.

6 Die Feigen waschen und in Spalten schneiden. Die Weintrauben waschen und halbieren. Die Pizzen aus dem Ofen nehmen, mit Parmaschinken, Feigen und Weintrauben belegen und heiß servieren.

» Der Pizzastein ist ein flacher, hitzespeichender Stein. Die Pizza wird auf den vorgeheizten Stein gelegt und bekommt dadurch wie im Pizzaofen die direkte Hitze von unten. So wird der Teig schön kross und der Belag bleibt saftig. Wer keinen Pizzastein hat, backt die Pizzen auf einem mit Backpapier ausgelegten Blech im auf 250 °C Unterhitze vorgeheizten Backofen auf der unteren Schiene 8 bis 10 Minuten. «

Tomaten-Garnelen-Pizza mit grünem Spargel

Für die Sauce:

½ Zwiebel

3 EL Olivenöl

200 g geschälte Tomaten

(aus der Dose)

1 Scheibe Knoblauch

1 Basilikumstiel

½ TL getrockneter Oregano

Salz · Cayennepfeffer

Für den Ricottateig:

siehe Rezept Seite 26

Für den Belag:

10–12 Cocktailtomaten

6 Stangen grüner Spargel

Salz

12 Garnelen

Zum Fertigstellen:

Mehl zum Ausrollen

2 EL Olivenöl

15–20 schwarze Oliven

Salz · Pfeffer aus der Mühle

je 1 Scheibe Knoblauch

und Ingwer

1 Streifen unbehandelte

Zitronenschale

1 EL kalte Butter

Cayennepfeffer

einige Basilikumblätter

Für 2 Pizzen (à ca. 15 cm Durchmesser) · siehe Foto Seite 27

1 Für die Sauce die Zwiebel schälen und in kleine Würfel schneiden. In einem kleinen Topf in 1 EL Olivenöl glasig dünsten. Die Tomaten mit dem Stabmixer pürieren, hinzufügen und etwa 30 Minuten köcheln lassen. Nach 20 Minuten Knoblauch, Basilikum und etwas Oregano hinzufügen. Am Ende der Garzeit Knoblauch und Basilikum wieder entfernen. Die Sauce pürieren, das restliche Olivenöl unterrühren und mit Salz und Cayennepfeffer abschmecken.

2 Für den Ricottateig den Teig wie auf Seite 26 beschrieben zubereiten und ruhen lassen.

3 Für den Belag die Cocktailtomaten waschen und in Spalten schneiden. Den Spargel waschen, im unteren Drittel schälen und die holzigen Enden entfernen. Den Spargel schräg in dünne Scheiben schneiden. Spargelscheiben in Salzwasser blanchieren, in Eiswasser abschrecken und auf einem Sieb abtropfen lassen.

4 Die Garnelen bis auf das Schwanzstück schälen, am Rücken entlang einschneiden und den Darm entfernen. Die Garnelen waschen und trockentupfen. Den Backofen auf 200 °C vorheizen und einen Pizzastein in den Ofen legen.

5 Zum Fertigstellen den Teig auf der bemehlten Arbeitsfläche zu zwei dünnen, runden Fladen von etwa 20 cm Durchmesser ausrollen und auf Backpapier legen, dabei einen leicht erhöhten Rand formen. Mit Tomatensauce bestreichen, den Rand dabei frei lassen.

6 Die Pizzen mit dem Backpapier auf den Pizzastein setzen und im Ofen 12 Minuten backen, bis die Unterseite hell gebräunt ist. Den Spargel mit den Cocktailtomaten und den Oliven in 1 EL Olivenöl erhitzen, mit Salz und Pfeffer würzen.

7 Die Garnelen in einer Pfanne im restlichen Olivenöl bei milder Hitze 2 bis 3 Minuten anbraten. Mit Salz und Pfeffer würzen. Knoblauch, Ingwer und Zitronenschale hinzufügen und die Butter unterrühren, mit 1 Prise Cayennepfeffer würzen. Die Garnelen kurz in der Pfanne schwenken. Knoblauch, Ingwer und Zitronenschale wieder entfernen.

8 Gemüse und Garnelen auf den gebackenen Pizzen verteilen, mit Basilikum garnieren und heiß servieren.

Leberkäs-Calzone

Für 2 Calzone · siehe Foto Seite 27

Für den Ricotta-Senf-Teig:

50 g Ricotta

3 EL Olivenöl

3 EL Milch

1 EL süßer Senf

Salz · 150 g Mehl

1 gestr. TL Backpulver (ca. 4 g)

Für die Füllung:

120 g Steinpilze

1−2 TL Öl

Salz · Pfeffer aus der Mühle

350 g Leberkäsbrät

50 g kalte Sahne

abgeriebene Schale von

½ unbehandelten Zitrone

1 EL Petersilie (gehackt)

Zum Fertigstellen:

Mehl zum Ausrollen

1 Für den Ricottateig den Ricotta mit Olivenöl, 1 EL Wasser, Milch, Senf und ¼ TL Salz verrühren. Mehl und Backpulver dazusieben und alle Zutaten zu einem geschmeidigen Teig verkneten. Den Teig in Frischhaltefolie wickeln und bei Zimmertemperatur 15 Minuten ruhen lassen.

2 Für die Füllung die Steinpilze putzen, nicht waschen, und in kleine Würfel schneiden. In einer Pfanne im Öl bei mittlerer Hitze anbraten. Mit Salz und Pfeffer würzen und abkühlen lassen. Das Leberkäsbrät mit der kalten Sahne glatt rühren. Die Steinpilze, die Zitronenschale und die Petersilie unterrühren.

3 Zum Fertigstellen den Backofen auf 200 °C vorheizen und einen Pizzastein in den Ofen legen.

4 Den Teig auf der bemehlten Arbeitsfläche zu zwei dünnen, runden Fladen ausrollen. Jeden Fladen etwa zur Hälfte mit Füllung bestreichen, dabei den Rand frei lassen. Die Teigränder mit kaltem Wasser bestreichen und die nicht belegte Teighälfte über die Füllung klappen, die Teigränder gut andrücken. Die Calzone auf Backpapier setzen und den Teig an der Oberfläche dreimal leicht einritzen.

5 Die Calzone mit dem Backpapier auf den Pizzastein legen und im Ofen etwa 12 Minuten backen, bis sie hell gebräunt sind.

» Wer kein Leberkäsbrät bekommt, kann stattdessen auch Schweinswurstbrät oder Kalbsbrät verwenden.
Achten Sie beim Einklappen des Teigs darauf, dass möglichst wenig Luft mit eingeschlossen wird. Bei zu viel Luft entwickelt sich im Inneren Dampf, der dazu führen kann, dass die Calzone aufreißen.
Die Pizza sollte sofort serviert werden, damit der Teigboden schön kross bleibt. «

Gebratene Kalbsleber in Parmaschinken auf Castelfrancosalat

Für den Salat:

*1 Kopf Castelfranco
(weißer Radicchio; ersatzweise
roter Radicchio)
2 rotschalige Birnen · 2 EL Butter*

Für die Vinaigrette:

*80 ml Gemüsebrühe
1 EL weißer Balsamicoessig
½ TL scharfer Senf · Salz
Cayennepfeffer · 1 Prise Zucker
5 EL Olivenöl*

Für die Kalbsleber:

*2 cm Zimtrinde
1 Lorbeerblatt
1 TL Pimentkörner
1 TL schwarze Pfefferkörner
400 g Kalbsleber (küchenfertig)
8 dünne Scheiben Parmaschinken
1–2 EL Öl · Salz
4 cl Marsala (ital. Dessertwein)
60 ml Orangensaft
1 Streifen unbehandelte
Orangenschale
1 Salbeiblatt · 1 Knoblauchzehe
1 EL Balsamicoessig
1 EL kalte Butter*

Für 4 Personen

1 Für den Salat den Castelfranco putzen, waschen, trockenschleudern und in mundgerechte Stücke zupfen. Die Birnen waschen, vierteln, entkernen und in schmale Spalten schneiden. Die Butter in einer Pfanne bei milder Hitze schmelzen lassen, die Birnenspalten darin von allen Seiten anbraten und herausnehmen.

2 Für die Vinaigrette die Brühe mit Essig, Senf, Salz, Cayennepfeffer und Zucker verrühren. Nach und nach das Olivenöl unterrühren.

3 Für die Kalbsleber die Zimtrinde und das Lorbeerblatt grob zerstoßen. Beides mit Piment und Pfefferkörnern in eine Gewürzmühle füllen.

4 Die Leber in acht Scheiben schneiden und jeweils mit einer Scheibe Parmaschinken umwickeln. Die Kalbsleber in einer Pfanne im Öl bei milder Hitze von beiden Seiten insgesamt etwa 3 Minuten braten, salzen und mit der Gewürzmischung aus der Mühle würzen. Die Kalbsleberscheiben auf Küchenpapier abtropfen lassen.

5 Das Öl mit Küchenpapier aus der Pfanne tupfen und den Bratensatz mit Marsala ablöschen. Orangensaft und -schale, Salbei, den ungeschälten Knoblauch und den Essig hinzufügen. Die Sauce 1 Minute köcheln lassen, die Butter hinzufügen und darin schmelzen lassen.

6 Den Salat mit der Vinaigrette vermischen und auf Tellern anrichten. Die gebratene Kalbsleber daneben setzen, die Birnenspalten darauf legen und mit der Marsalasauce beträufeln.

*» Eine Gewürzmühle funktioniert ähnlich wie eine Pfeffermühle. Man kann darin alle Gewürze und getrockneten Kräuter kurz vor der Verwendung selbst mahlen – dann entfaltet sich ihr Aroma am besten.
Die Leber nicht zu lange braten, sonst wird sie hart und zäh. «*

Suppen

Minestrone mit Safran-Grießnockerln

Für die Suppe:

1 Zwiebel · 1 Möhre
½ dünne Stange Lauch
1 Stange Staudensellerie
½ kleiner Zucchino · 3 Tomaten
80 g feine grüne Bohnen
60 g grüne Erbsen (gepalt) · Salz
1 EL Olivenöl · 1 EL Tomatenmark
1 l Gemüsebrühe
1 Stück Parmesanrinde
1 Scheibe Knoblauch
1 Lorbeerblatt
1 Scheibe Ingwer
1 Streifen unbehandelte
Zitronenschale
Cayennepfeffer

Für die Nockerln:

120 g Hartweizengrieß
175 ml kalte Gemüsebrühe
175 ml Milch
1 Knoblauchzehe
einige Safranfäden
Salz · Pfeffer aus der Mühle
frisch geriebene Muskatnuss
1 Ei · 1 Eigelb
50 g braune Butter (siehe Seite 12)

Zum Anrichten:

einige Petersilienblätter

Für 4 Personen

1 Für die Suppe die Zwiebel und die Möhre schälen, die Zwiebel in kleine Würfel und die Möhre in Scheiben schneiden. Den Lauch putzen, waschen und in ½ cm breite Ringe schneiden. Den Staudensellerie putzen, waschen und schräg in ½ cm breite Scheiben schneiden. Den Zucchino putzen, waschen, längs halbieren oder vierteln und quer in ½ cm dicke Scheiben schneiden.

2 Von den Tomaten den Stielansatz entfernen, die Tomaten kreuzweise einritzen und etwa 20 Sekunden in kochendes Wasser tauchen. Kalt abschrecken, häuten, vierteln, entkernen und in kleine Würfel schneiden. Die Bohnen putzen, waschen und in 2 cm lange Stücke schneiden. Die Bohnen und die Erbsen getrennt in Salzwasser blanchieren, in Eiswasser abschrecken und abtropfen lassen.

3 Zwiebel, Möhre und Staudensellerie in einem Topf im Olivenöl bei milder Hitze andünsten. Das Tomatenmark unterrühren und die Brühe angießen. Parmesanrinde, Knoblauch, Lorbeerblatt, Ingwer und Zitronenschale hinzufügen und bei milder Hitze 15 Minuten köcheln lassen. Lauch, Zucchino, Tomaten, Bohnen und Erbsen dazugeben und 5 Minuten in der Suppe garen.

4 Parmesanrinde, Knoblauch, Lorbeerblatt, Ingwer und Zitronenschale wieder aus der Suppe entfernen. Suppe mit Salz und Cayennepfeffer abschmecken und warm halten.

5 Für die Nockerln den Grieß in einer Pfanne ohne Fett bei milder Hitze rösten, bis er zu duften beginnt. Die Brühe mit der Milch, dem ungeschälten Knoblauch und dem Safran aufkochen und mit Salz, Pfeffer und Muskatnuss würzen. Den Knoblauch wieder entfernen, den Grieß unterrühren und einige Minuten unter Rühren köcheln lassen. Die Grießmasse vom Herd nehmen und etwas abkühlen lassen.

6 Das Ei mit dem Eigelb verquirlen und mit der braunen Butter unter die Grießmasse mischen. Aus der Masse mithilfe von zwei angefeuchteten Teelöffeln Nockerln abstechen. In einem Topf reichlich Salzwasser erhitzen und die Grießnockerln darin knapp unter dem Siedepunkt etwa 8 Minuten ziehen lassen. Mit einer Schaumkelle herausheben und abtropfen lassen.

7 Die Minestrone mit den Safran-Grießnockerln in vorgewärmten Suppentellern anrichten und mit der Petersilie bestreuen.

Klare Tomatensuppe mit Basilikum-Mozzarella-Knödeln

Für die Suppe:

1 Zwiebel · ½ Möhre

80 g Knollensellerie

350 g Rinderwade (küchenfertig)

1 kg geschälte Tomaten

(aus der Dose)

3 Eiweiß

2 Tomaten

1,3 l kalte Geflügelbrühe

1 Lorbeerblatt · 4 Pimentkörner

1 Splitter Zimtrinde

½–1 TL schwarze Pfefferkörner

einige Basilikumstiele

1 Scheibe Knoblauch

Salz · Cayennepfeffer

Zucker

Für die Knödel:

200 g Ciabatta-Brot (vom Vortag)

½ kleine Zwiebel · ½–1 EL Öl

100 g getrocknete Tomaten (in Öl)

40 g Pecorino

70 ml Milch · 3 Eier

1 EL Basilikum

(gehackt)

Salz · Pfeffer aus der Mühle

frisch geriebene Muskatnuss

12 Mini-Mozzarella

Zum Anrichten:

10 Cocktailtomaten

einige Basilikumblätter

Für 4 Personen

1 Für die Suppe Zwiebel, Möhre und Knollensellerie schälen und in Stücke schneiden. Rindfleisch in Würfel schneiden und mit dem Gemüse durch die grobe Scheibe des Fleischwolfs drehen. Dosentomaten mit dem Stabmixer pürieren, mit dem Eiweiß untermischen. Tomaten waschen und vierteln, dabei den Stielansatz entfernen.

2 Die Hackfleischmischung in einen großen Topf geben, die Brühe angießen und die Tomatenviertel hinzufügen. Lorbeerblatt, Piment, Zimt und Pfefferkörner unterrühren. Bei milder Hitze unter häufigem Rühren erhitzen, damit der Klärsatz nicht am Boden ansetzt. Sobald die Brühe heiß ist, nicht mehr rühren, da die Suppe sonst trüb wird. Die Brühe etwa 1 ½ Stunden mehr ziehen als köcheln lassen. Dann vorsichtig aus dem Topf schöpfen und durch ein mit einem Passiertuch oder Küchenpapier ausgelegtes feines Sieb gießen.

3 Die Suppe vor dem Servieren nochmals erwärmen, aber nicht mehr kochen lassen. Basilikum und Knoblauch einige Minuten in der Suppe ziehen lassen und anschließend wieder entfernen. Die Suppe mit Salz, Cayennepfeffer und Zucker würzen.

4 Für die Knödel das Ciabatta-Brot in möglichst kleine Würfel schneiden. Die Zwiebel schälen, in kleine Würfel schneiden und in einer Pfanne im Öl bei milder Hitze glasig dünsten. Die Tomaten trockentupfen und ebenfalls in kleine Würfel schneiden. Den Pecorino in sehr kleine Würfel schneiden.

5 Die Milch einmal aufkochen, über die Brotwürfel gießen, kurz durchmischen und die Eier unterrühren. Dann die Tomaten- und Pecorinowürfel, das Basilikum und die Zwiebelwürfel untermischen. Die Masse mit Salz, Pfeffer und Muskatnuss würzen und 15 Minuten ziehen lassen. Falls nötig, noch etwas nachwürzen.

6 Je 1 Mini-Mozzarella mit etwas Knödelmasse umkleiden und mit angefeuchteten Händen zu einem glatten, festen Knödel formen. In Salzwasser knapp unter dem Siedepunkt 8 bis 10 Minuten ziehen lassen.

7 Zum Anrichten die Cocktailtomaten waschen, halbieren, entkernen, in Spalten schneiden und auf vorgewärmte Suppenteller verteilen. Die Tomatensuppe darüber geben und die Knödel hineinsetzen. Mit Basilikum garnieren.

Brennnessel-Kresse-Suppe mit Mascarpone-Kartoffel-Klößchen

Für die Klößchen:

300 g mehlig kochende Kartoffeln
1 TL ganzer Kümmel · Salz
Mehl für die Arbeitsfläche
40 g Mehl · 40 g Speisestärke
1 Eigelb · 50 g Mascarpone
frisch geriebene Muskatnuss
Öl zum Bestreichen

Für die Suppe:

100 g Spinatblätter
40 g Brennnesselblätter · Salz
60 g Brunnenkresseblätter
1 Zwiebel · 1 EL Olivenöl
1 l Geflügelbrühe
80 g Mascarpone
1 Streifen unbehandelte
Zitronenschale
1 Knoblauchzehe (in Scheiben)
Cayennepfeffer
frisch geriebene Muskatnuss

Für 4 Personen

1 Für die Klößchen die Kartoffeln waschen und mit dem Kümmel in Salzwasser weich kochen. Abgießen, pellen und noch heiß durch die Kartoffelpresse drücken. Die Kartoffelmasse auf einem Backblech ausbreiten und bei Zimmertemperatur 20 Minuten abkühlen lassen.

2 Von der Kartoffelmasse 250 g abwiegen. Auf der bemehlten Arbeitsfläche mit dem Mehl, der Speisestärke, dem Eigelb, dem Mascarpone, etwas Salz und 1 Prise Muskatnuss mit den Händen rasch zu einem glatten Teig verkneten. Den Kartoffelteig mit etwas Mehl zu 2 cm dicken Rollen formen, in 1 bis 2 cm lange Stücke schneiden und diese mit bemehlten Händen zu kleinen Klößchen formen.

3 Reichlich Salzwasser aufkochen, die Klößchen darin garen, bis sie nach oben steigen, und weitere 2 Minuten darin ziehen lassen. Mit der Schaumkelle herausheben, nebeneinander auf ein geöltes Tablett legen, abkühlen lassen und bis zur Weiterverwendung zugedeckt beiseite stellen.

4 Für die Suppe den Spinat verlesen, gründlich waschen und abtropfen lassen, grobe Stiele entfernen. Spinat und Brennnesselblätter getrennt in Salzwasser blanchieren, in Eiswasser abschrecken, kräftig ausdrücken und klein hacken. Die Brunnenkresse waschen, trockentupfen und klein schneiden.

5 Die Zwiebel schälen, in kleine Würfel schneiden und im Olivenöl bei milder Hitze glasig dünsten. Die Brühe angießen und die Suppe 5 bis 10 Minuten köcheln lassen. Den Mascarpone hinzufügen und die Suppe im Küchenmixer oder mit dem Stabmixer pürieren.

6 Die Suppe noch einmal erwärmen und die Zitronenschale einige Minuten darin ziehen lassen. Die Zitronenschale wieder entfernen und Spinat, Brennnessel, Brunnenkresse und Knoblauch dazugeben. Die Suppe noch einmal mit dem Stabmixer pürieren und mit Salz, Cayennepfeffer und Muskatnuss abschmecken.

7 Die Mascarpone-Kartoffel-Klößchen in siedendem Salzwasser erwärmen, mit der Schaumkelle herausheben und abtropfen lassen. Die Brennnessel-Kresse-Suppe mit den Klößchen in vorgewärmten Suppentellern anrichten.

Zucchini-Prosecco-Suppe

Für die Parmesanstreusel:

30 g frisch geriebener Parmesan

Für die Suppe:

500 g Zucchini · 1 EL Olivenöl

100 ml Prosecco

³/₄ l Geflügelbrühe

1 Knoblauchzehe

1 kleines Lorbeerblatt

1 Streifen unbehandelte
Zitronenschale

¹/₂ TL getrocknetes Bohnenkraut

50 g Mascarpone

einige Tropfen Limettensaft

Salz · Cayennepfeffer

frisch geriebene Muskatnuss

Für 4 Personen

1 Für die Parmesanstreusel eine beschichtete Pfanne bei mittlerer Hitze erwärmen. Den Parmesan gleichmäßig hineinstreuen und hell bräunen lassen, die Pfanne vom Herd nehmen und den Parmesan kurz abkühlen lassen (er soll mit einer Palette gelöst werden können, aber noch elastisch sein). Den Parmesan aus der Pfanne nehmen, völlig abkühlen lassen und zu kleinen Streuseln zerstoßen.

2 Für die Suppe die Zucchini putzen, waschen und klein schneiden. In einem Topf im Olivenöl bei milder Hitze andünsten. Mit Prosecco ablöschen, auf ein Drittel reduzieren lassen und die Brühe angießen. Knoblauch schälen und halbieren. Mit Lorbeerblatt, Zitronenschale und Bohnenkraut zur Suppe geben, einige Minuten darin ziehen lassen.

3 Knoblauch, Lorbeerblatt und Zitronenschale wieder entfernen. Den Mascarpone hinzufügen und die Suppe mit dem Stabmixer pürieren. Mit Limettensaft, Salz, Cayennepfeffer und Muskatnuss abschmecken. Die Zucchinisuppe auf vorgewärmte Suppenteller verteilen und mit Parmesanstreuseln bestreuen.

Zitronensuppe mit grünem Spargel

3 Schalotten

1 Bund grüner Spargel (500 g)

Salz · 250 g Cocktailtomaten

50 g geschälte ganze Mandeln

1 EL Öl · 80 ml Weißwein

³/₄ l Geflügelbrühe · 3 Pimentkörner

1 TL schwarze Pfefferkörner

1 Lorbeerblatt

5 Streifen unbehandelte
Zitronenschale

¹/₄ Vanilleschote · 1 Knoblauchzehe

50 g Mascarpone · Cayennepfeffer

frisch geriebene Muskatnuss

Saft von ¹/₂ Zitrone

Für 4 Personen

1 Die Schalotten schälen und in Ringe schneiden. Den Spargel waschen, im unteren Drittel schälen und die holzigen Enden entfernen. Spargel in 2 bis 3 cm lange Stücke schneiden. In Salzwasser blanchieren, in Eiswasser abschrecken, abtropfen lassen und warm halten. Die Cocktailtomaten waschen und vierteln. Die Mandeln grob hacken und in einer Pfanne ohne Fett bei milder Hitze goldgelb rösten.

2 Schalotten im Öl bei milder Hitze glasig dünsten. Mit Wein ablöschen, etwas reduzieren lassen und die Brühe angießen. Piment- und Pfefferkörner in ein Gewürzsäckchen binden, mit dem Lorbeerblatt zur Suppe geben und 10 Minuten darin ziehen lassen. Tomaten, Zitronenschale, Vanilleschote und ungeschälten Knoblauch hinzufügen und 5 Minuten ziehen lassen. Zitronenschale, Vanille, Knoblauch, Lorbeer und Gewürzsäckchen wieder entfernen. Suppe durch ein Sieb gießen und Mascarpone untermixen. Mit Salz, Cayennepfeffer, Muskatnuss und Zitronensaft abschmecken, mit Spargel, Schalotten und Mandeln servieren.

Kichererbsensuppe mit Salsicce

Für die Suppe:

700 g Kichererbsen (aus der Dose)

½ kleine Zwiebel

1 kleine Stange Staudensellerie

1 kleine Möhre

1 Splitter Zimtrinde

einige Pimentkörner

1 kleines Lorbeerblatt

½ Knoblauchzehe

einige Kreuzkümmelkörner

1 l Geflügelbrühe

1 Stück Parmesanrinde

1–2 EL Mascarpone

Salz · Cayennepfeffer

Zum Anrichten:

4 Salsicce

(kleine ital. Schweinsbratwürste)

1 EL Olivenöl

Pfeffer aus der Mühle

Für 4 Personen

1 Für die Suppe die Kichererbsen in ein Sieb abgießen und abtropfen lassen. Die Zwiebel schälen und in kleine Würfel schneiden. Den Staudensellerie putzen und waschen, die Möhre schälen. Beides in dünne Scheiben schneiden.

2 Zimt, Piment, Lorbeerblatt, ungeschälten Knoblauch und Kreuzkümmel in ein Gewürzsäckchen binden. Die Brühe in einem Topf erhitzen, Kichererbsen, Zwiebelwürfel, Sellerie- und Möhrenscheiben, das Gewürzsäckchen und die Parmesanrinde hinzufügen und 10 bis 15 Minuten garen. Das Gewürzsäckchen und die Parmesanrinde wieder entfernen.

3 Ein Drittel der Suppeneinlage mit einer Schaumkelle herausheben. Den Mascarpone unter die Suppe rühren und die Suppe mit dem Stabmixer fein pürieren. Das Gemüse wieder dazugeben und die Suppe mit Salz und Cayennepfeffer abschmecken.

4 Zum Anrichten die Salsicce in einer Pfanne im Olivenöl bei milder Hitze von allen Seiten braten, schräg in Scheiben schneiden und auf vorgewärmte Suppenteller verteilen. Die Kichererbsensuppe darüber geben und Pfeffer grob darüber mahlen.

≫ Wenn Sie die Suppe mit getrockneten Kichererbsen zubereiten, müssen diese über Nacht mit Wasser bedeckt eingeweicht und anschließend etwa 3 Stunden weich gekocht werden. Dann wie oben beschrieben weiterverarbeiten. Für dieses Rezept benötigen Sie 350 g getrocknete Kichererbsen. Gewürzsäckchen verwendet man dann, wenn man mehrere Gewürze hat, die wieder aus dem Gericht entfernt werden sollen. Früher wurden die Gewürze in ein Stück Mulltuch gebunden. Heute verwendet man eher Einwegteefilter, die mit einer Klammer verschlossen werden, oder Teeeier. ≪

Graupensuppe mit Bohnen und San-Daniele-Schinken

100 g Perlgraupen
1,3 l Geflügelbrühe
1 Zwiebel
1 Lorbeerblatt · 1 Nelke
1 Stück Schinkenschwarte
1 EL Mascarpone
200 g Borlotti-Bohnen
(aus der Dose)
1 Knoblauchzehe
2 Streifen unbehandelte
Zitronenschale
2–3 Petersilienstiele
1 Rosmarinzweig
60 g San-Daniele-Schinken
(in dünnen Scheiben)
Salz · Pfeffer aus der Mühle
Cayennepfeffer
frisch geriebene Muskatnuss
1 EL Petersilie (gehackt)
1 EL frisch geriebener Pecorino

Für 4 Personen

1 Die Graupen auf einem Sieb mit kaltem Wasser waschen und abtropfen lassen. Die Brühe in einem Topf zum Kochen bringen. Die Zwiebel schälen und mit dem Lorbeerblatt und der Nelke spicken. Die Zwiebel mit der Schinkenschwarte und den Graupen in die Brühe geben und bei milder Hitze etwa 45 Minuten köcheln lassen.

2 Die Schinkenschwarte herausnehmen und ein Fünftel der Graupen mit etwas Brühe abnehmen. Mit dem Mascarpone in einen hohen Rührbecher füllen und mit dem Stabmixer pürieren. Das Püree unter die Suppe rühren.

3 Die Bohnen in ein Sieb abgießen, abtropfen lassen und in die Suppe geben. Den Knoblauch schälen und halbieren. Mit der Zitronenschale, der Petersilie und dem Rosmarin zur Suppe geben, einige Minuten darin ziehen lassen und wieder entfernen.

4 Den Schinken klein schneiden und in die Suppe geben. Die Graupensuppe mit Salz, Pfeffer, Cayennepfeffer und Muskatnuss würzen und die Petersilie unterrühren. Die Suppe auf vorgewärmte Suppenteller verteilen und mit dem Pecorino bestreuen.

» Diese Suppe wird traditionell im Friaul zubereitet. Auch der San-Daniele-Schinken ist eine Spezialität dieser Region. Er wird nur kurz gepökelt, reift dafür aber etwa 1 Jahr. Wie Parmaschinken passt er auch sehr gut zu Melone, frischen Feigen oder Spargel. «

Bohnensuppe mit Wirsing und Speck

Für die Suppe:

1 kleine Zwiebel

300 g weiße Bohnen
(aus der Dose)

1 EL Olivenöl

1,2 l Gemüsebrühe

1 Lorbeerblatt

2 eingelegte Sardellenfilets

1 EL Mascarpone

1 Knoblauchzehe

1 Streifen unbehandelte
Orangenschale

3 Salbeiblätter

Für die Einlage:

100 g grüne Bohnen

2 kleine Möhren

¼ kleiner Wirsingkopf

80 g durchwachsener Speck
(in Scheiben)

Salz · 2–3 EL Öl

Pfeffer aus der Mühle

frisch geriebene Muskatnuss

Cayennepfeffer

1 EL Petersilie (gehackt)

1 EL frisch geriebener Parmesan

Für 4 Personen

1 Für die Suppe die Zwiebel schälen und in kleine Würfel schneiden. Die weißen Bohnen in ein Sieb abgießen und abtropfen lassen.

2 Die Zwiebelwürfel in einem Topf im Olivenöl bei milder Hitze glasig dünsten, die weißen Bohnen und die Brühe dazugeben. Das Lorbeerblatt hinzufügen und die Brühe knapp unter dem Siedepunkt 10 Minuten ziehen lassen.

3 Die Sardellen auf Küchenpapier abtropfen lassen. Ein Fünftel der Bohnen mit der Schaumkelle herausnehmen und mit den Sardellen, dem Mascarpone und etwas Brühe in einen hohen Rührbecher geben und mit dem Stabmixer pürieren. Die Masse durch ein Sieb passieren und unter die Suppe rühren.

4 Den Knoblauch schälen und halbieren. Mit der Orangenschale und dem Salbei in die Suppe geben, einige Minuten darin ziehen lassen und wieder entfernen.

5 Für die Einlage die grünen Bohnen putzen und dritteln. Die Möhren schälen und in Scheiben schneiden. Den Wirsing putzen, waschen und in Streifen schneiden. Den Speck ebenfalls in Streifen schneiden. Die Möhren und die Bohnen getrennt in Salzwasser blanchieren, in Eiswasser abschrecken und abtropfen lassen.

6 Den Speck in einer Pfanne in 1 EL Öl anbraten und auf Küchenpapier abtropfen lassen. Den Wirsing im restlichen Öl bei mittlerer Hitze anbraten und mit Salz, Pfeffer und Muskatnuss würzen. Mit den Möhren und den Bohnen zur Suppe geben. Die Suppe mit Salz, Pfeffer und Cayennepfeffer abschmecken und die Petersilie unterrühren. Die Bohnensuppe auf vorgewärmte Suppenteller verteilen und mit dem Speck und dem Parmesan bestreuen.

» Die Suppe und die Gemüseeinlage können Sie gut vorbereiten. Zum Servieren müssen Sie dann nur noch Knoblauch, Orangenschale und Salbei einige Minuten in der Suppe ziehen lassen sowie den Speck und den Wirsing anbraten. «

Muschelsuppe mit Sambuca

Für die Suppe:

1 Zwiebel · 1 Möhre
1 Stange Staudensellerie
½ Fenchelknolle
1 TL Puderzucker
2 EL Olivenöl
2 cl Sambuca (ital. Anislikör)
⅛ l Weißwein
1 l Gemüsebrühe
einige Safranfäden
1 Lorbeerblatt
5 schwarze Pfefferkörner
1 Knoblauchzehe
1 Streifen unbehandelte
Zitronenschale
30 g kalte Butter
Salz · Cayennepfeffer

Für die Einlage:

1 kg Miesmuscheln · Salz
1 EL Petersilie (grob gehackt)

Für die Crostini:

½ Knoblauchzehe
3 eingelegte Sardellenfilets
150 g schwarze Oliven (entsteint)
1 TL eingelegte Kapern
6 EL Olivenöl
Salz · Cayennepfeffer
4 dünne Scheiben Weißbrot

Für 4 Personen

1 Für die Suppe die Zwiebel und die Möhre schälen. Die Zwiebel halbieren und quer in dünne Streifen schneiden, die Möhre längs halbieren und schräg in dünne Scheiben schneiden. Staudensellerie und Fenchel putzen und waschen. Den Sellerie schräg in dünne Scheiben schneiden, den Fenchel vierteln und quer in dünne Streifen schneiden.

2 Den Puderzucker in einem Topf im Olivenöl bei mittlerer Hitze karamellisieren lassen. Das Gemüse dazugeben und bei milder Hitze andünsten. Mit Sambuca und Wein ablöschen und auf die Hälfte reduzieren lassen. Die Brühe angießen und den Safran hinzufügen. Das Lorbeerblatt und die Pfefferkörner in ein Gewürzsäckchen binden, in die Suppe geben und 5 bis 10 Minuten darin ziehen lassen.

3 Den Knoblauch schälen und mit der Zitronenschale hinzufügen, einige Minuten in der Suppe ziehen lassen und anschließend mit dem Gewürzsäckchen wieder entfernen. Die kalte Butter in Würfel schneiden und unter die Suppe rühren. Die Suppe mit Salz, Cayennepfeffer und nach Belieben noch mit etwas Sambuca abschmecken.

4 Für die Einlage die Miesmuscheln unter fließendem kaltem Wasser gründlich säubern, geöffnete Muscheln aussortieren. Die Muscheln in einem Topf in ausreichend Salzwasser zugedeckt einige Minuten garen, bis sie sich öffnen. In ein Sieb abgießen, geschlossene Muscheln aussortieren. Das Muschelfleisch aus den Schalen lösen und mit der Petersilie in die Suppe geben.

5 Für die Crostini den Knoblauch schälen und die Sardellen auf Küchenpapier abtropfen lassen. Beides mit Oliven, Kapern und 5 EL Olivenöl im Küchenmixer pürieren. Mit Salz und Cayennepfeffer würzen. Die Weißbrotscheiben in einer Pfanne im restlichen Olivenöl bei milder Hitze von beiden Seiten goldbraun rösten, auf Küchenpapier abtropfen lassen und mit etwas Olivenpaste bestreichen.

6 Die Muschelsuppe auf vorgewärmte Teller verteilen und mit den Olivencrostini servieren.

» Die Muscheln sollten absolut frisch sein. Einwandfreie Muscheln haben geschlossene Schalen. Geöffnete rohe Muscheln und Muscheln, die sich beim Garen nicht öffnen, nicht verzehren! Die restliche Olivenpaste können Sie in einem Glas mit Olivenöl bedeckt einige Tage im Kühlschrank aufbewahren. «

Kartoffel-Oktopus-Suppe mit Pesto

Für die Suppe:

400 g fest kochende Kartoffeln
¹/₂ kleine Fenchelknolle
1 Stange Staudensellerie
1 Möhre · 1 Zwiebel
¹/₂ gegarter kleiner Oktopus
³/₄ l Gemüsebrühe
1 kleines Lorbeerblatt
1 rote Chilischote
¹/₂ TL getrockneter Oregano
¹/₂ Knoblauchzehe
1 Streifen unbehandelte
Zitronenschale
Salz

Für das Pesto:

1 TL Mandelblättchen
oder Pinienkerne
1 Bund Petersilie · Salz
1–2 Bund Basilikum
¹/₂ Knoblauchzehe
1 TL frisch geriebener Parmesan
3 EL Olivenöl
3 EL braune Butter (siehe Seite 12)
Pfeffer aus der Mühle
einige Tropfen Zitronensaft

Für 4 Personen · siehe Foto rechts

1 Für die Suppe die Kartoffeln schälen, waschen und in 1 cm große Würfel schneiden. Den Fenchel und den Staudensellerie putzen und waschen, die Möhre und die Zwiebel schälen. Das Gemüse in möglichst kleine Würfel schneiden. Die Fangarme in Scheiben schneiden.

2 Die Brühe mit dem Lorbeerblatt und der Chilischote in einem Topf erhitzen und die Kartoffeln darin knapp unter dem Siedepunkt 20 bis 30 Minuten garen. Nach 15 Minuten die Gemüsewürfel dazugeben.

3 Die Oktopusscheiben hinzufügen und die Brühe mit Oregano würzen. Den Knoblauch schälen, mit der Zitronenschale in die Brühe geben und einige Minuten darin ziehen lassen. Knoblauch, Zitronenschale, Lorbeerblatt und Chilischote wieder entfernen und die Suppe mit Salz abschmecken.

4 Für das Pesto die Mandeln oder die Pinienkerne in einer Pfanne ohne Fett goldgelb rösten, herausnehmen und abkühlen lassen. Die Petersilienblätter von den Stielen zupfen, kurz in wenig Salzwasser blanchieren, in Eiswasser abschrecken und auf einem Sieb abtropfen lassen. Die Petersilienblätter gut ausdrücken und grob hacken.

5 Die Basilikumblätter von den Stielen zupfen. Den Knoblauch schälen und klein schneiden. Petersilie, Basilikum, Knoblauch, Parmesan und geröstete Mandelblättchen oder Pinienkerne im Küchenmixer zu einer glatten Paste verarbeiten, dabei nach und nach das Olivenöl und die nicht zu heiße braune Butter hinzufügen. Das Pesto mit Salz, Pfeffer und Zitronensaft würzen.

6 Die Kartoffel-Oktopus-Suppe auf vorgewärmte Suppenteller verteilen und mit dem Pesto beträufeln.

» Wer keinen gegarten Oktopus bekommt, gart einen küchenfertigen Oktopus mit einer mit Lorbeerblatt und Nelken gespickten Zwiebel in Salzwasser knapp unter dem Siedepunkt etwa 70 Minuten weich. «

Fischsuppe mit Tomaten und Safran

1 Zwiebel · 1 Kartoffel
1 Stange Staudensellerie
¹/₂ Fenchelknolle · ¹/₂ Stange Lauch
5 EL Olivenöl · 80 ml Weißwein
³/₄ l Gemüsebrühe · 1 Lorbeerblatt
1 Knoblauchzehe
1 Streifen unbehandelte
Zitronenschale
150 g geschälte Tomaten
(aus der Dose)
Salz · Pfeffer aus der Mühle
10 Safranfäden · Cayennepfeffer
500 g gemischtes Fischfilet
(z. B. Kabeljau, Knurrhahn,
Lachsforelle; küchenfertig)

Für 4 Personen

1 Zwiebel und Kartoffel schälen und in Würfel schneiden. Restliches Gemüse putzen und waschen. Sellerie in dünne Scheiben, Fenchel halbieren und quer in Streifen, Lauch in Ringe schneiden.

2 Zwiebel, Kartoffel, Staudensellerie und Fenchel in 1 EL Olivenöl bei milder Hitze andünsten. Mit Wein ablöschen und etwas reduzieren lassen. Die Brühe angießen, das Lorbeerblatt dazugeben und etwa 15 Minuten darin ziehen lassen. Lauch, ungeschälten, halbierten Knoblauch und Zitronenschale hinzufügen und 5 Minuten darin ziehen lassen. Lorbeerblatt, Knoblauch und Zitronenschale wieder entfernen.

3 Dosentomaten mit dem restlichen Olivenöl pürieren und unter die Suppe rühren. Mit Salz, Pfeffer, Safran und Cayennepfeffer würzen.

4 Den Fisch in 2 cm große Würfel schneiden. In kochendem Salzwasser 2 bis 3 Minuten glasig garen, vorsichtig in ein Sieb abgießen und in die Suppe geben. Die Fischsuppe auf vorgewärmte Teller verteilen.

Pasta

Spaghetti vongole

800 g Venusmuscheln

¼ l Weißwein

1 kleine Zwiebel

1 Stange Staudensellerie

1 Knoblauchzehe

1 mittelscharfe rote Chilischote

1 EL Olivenöl

½–1 TL schwarze Pfefferkörner

einige Tropfen Zitronensaft

2 EL kalte Butter

Für die Pasta:

350 g Spaghetti

Salz

Zum Anrichten:

1–2 EL Petersilie (gehackt)

2 EL Olivenöl

Für 4 Personen

1 Für die Sauce die Venusmuscheln unter fließendem kaltem Wasser gründlich säubern, geöffnete Muscheln aussortieren. In einem Topf die Muscheln und den Wein erhitzen und bei mittlerer Hitze zugedeckt garen, bis sich die Muscheln öffnen. In ein Sieb abgießen und abtropfen lassen, dabei den Sud auffangen. Geschlossene Muscheln aussortieren. Die Hälfte der Muscheln aus der Schale lösen, alle Muscheln beiseite stellen.

2 Die Zwiebel schälen und in kleine Würfel schneiden. Den Staudensellerie putzen, waschen und in dünne Scheiben schneiden. Den Knoblauch schälen und in kleine Würfel schneiden. Die Chilischote längs halbieren, entkernen und waschen.

3 Zwiebel, Sellerie und Knoblauch in einem Topf im Olivenöl bei milder Hitze andünsten. Mit dem Muschelsud ablöschen und um etwa ein Drittel reduzieren lassen. Die Chilischote hinzufügen. Die Pfefferkörner im Mörser oder mit einem schweren Küchenmesser grob zerstoßen. Die Sauce mit Pfeffer und Zitronensaft würzen und die kalte Butter unterrühren.

4 Für die Pasta die Spaghetti nach Packungsanweisung in reichlich Salzwasser bissfest kochen, in ein Sieb abgießen und abtropfen lassen. Mit den Muscheln zur Sauce geben, erwärmen und, falls nötig, nachwürzen. Die Chilischote wieder entfernen.

5 Zum Anrichten die Spaghetti auf vorgewärmte Teller verteilen, mit der Petersilie bestreuen und mit dem Olivenöl beträufeln.

» Wenn Sie keine frischen Venusmuscheln bekommen, können Sie die Spaghetti vongole auch mit eingelegtem oder tiefgekühltem Muschelfleisch zubereiten. «

Linguine mit Steinpilz-Carbonara

Für die Pasta:
400 g Linguine · Salz
1 EL Olivenöl

Für den Steinpilzrahm:
200 ml Gemüsebrühe
10 g getrocknete Steinpilze
100 g durchwachsener Speck
(in Scheiben)
1 Zwiebel · 1 EL Öl
2 Eigelb · Salz · Cayennepfeffer
2–3 EL flüssige Butter

Zum Fertigstellen:
200 g kleine frische Steinpilze
1 EL Öl · Salz
Pfeffer aus der Mühle
1 EL kalte Butter
2 EL Petersilie (gehackt)
2 EL frisch geriebener Parmesan

Für 4 Personen · siehe Foto rechts

1 Für die Pasta die Linguine nach Packungsanweisung in reichlich Salzwasser bissfest kochen, in ein Sieb abgießen und abtropfen lassen. Die Nudeln auf einem Tablett ausbreiten, kurz ausdampfen lassen und mit dem Olivenöl vermischen.

2 Für den Steinpilzrahm die Brühe erhitzen. Die getrockneten Steinpilze mit der kochenden Brühe übergießen und 20 Minuten darin ziehen lassen. Dann die Brühe durch ein Sieb gießen und die Pilze entfernen.

3 Den Speck quer in dünne Streifen schneiden. Die Zwiebel schälen und in kleine Würfel schneiden. Den Speck in einer Pfanne im Öl bei milder Hitze anbraten. Das Fett abgießen, die Zwiebelwürfel hinzufügen und kurz mitdünsten. Die Pfanne vom Herd nehmen.

4 Das Eigelb mit der Steinpilzbrühe in einem Schlagkessel verrühren und im heißen Wasserbad schaumig aufschlagen. Mit Salz und Cayennepfeffer würzen und die flüssige Butter unterrühren.

5 Zum Fertigstellen die frischen Steinpilze putzen, nicht waschen, und in 3 bis 5 mm dicke Scheiben schneiden. In einer Pfanne im Öl etwa 2 Minuten anbraten, mit Salz und Pfeffer würzen und die kalte Butter unterrühren.

6 Die Linguine zum Speck geben, bei milder Hitze erwärmen, mit Salz und Pfeffer würzen und die Petersilie unterheben.

7 Die Linguine auf vorgewärmte Teller verteilen, den Steinpilzrahm darüber geben, die Steinpilze darauf verteilen und mit Parmesan bestreuen. Nach Belieben mit gebratenen Speckscheiben und kleinen Petersilienzweigen garnieren.

» Die Steinpilze am besten portionsweise anbraten und erst zum Schluss salzen, damit sie schön knackig werden und kein Wasser ziehen. «

Tagliatelle mit Fenchel und Sardinen

1 Fenchelknolle · 3 EL Olivenöl
150 ml Gemüsebrühe
Salz · Pfeffer aus der Mühle
Cayennepfeffer
einige Safranfäden
2 EL Pinienkerne (geröstet)
1 EL Rosinen
2–3 Scheiben Knoblauch
1 Streifen unbehandelte
Orangenschale
350 g Tagliatelle
1 EL Dill (gehackt)
10 Sardinen (küchenfertig) · 1 EL Öl
einige Tropfen Zitronensaft

Für 4 Personen

1 Den Fenchel putzen, waschen, halbieren und quer in dünne Streifen schneiden. In 1 EL Olivenöl bei mittlerer Hitze anbraten. Die Brühe in einem Topf erwärmen und 2 EL Olivenöl unterrühren. Mit Salz, Pfeffer und Cayennepfeffer würzen und den Safran hinzufügen. Fenchel, Pinienkerne, Rosinen, Knoblauch und Orangenschale dazugeben.

2 Die Tagliatelle nach Packungsanweisung in reichlich Salzwasser bissfest kochen, in ein Sieb abgießen und abtropfen lassen. Mit dem Dill unter die Sauce rühren und kurz erwärmen. Knoblauch und Orangenschale wieder entfernen.

3 Die Sardinen bei mittlerer Hitze in einer Pfanne im Öl auf der Hautseite 1 Minute anbraten. Vom Herd nehmen, wenden und $1/2$ bis 1 Minute gar ziehen lassen. Auf Küchenpapier abtropfen lassen, mit Zitronensaft beträufeln und mit Salz und Pfeffer würzen. Tagliatelle mit den Sardinen auf vorgewärmten Tellern anrichten.

Zitronen-Maltagliata mit Muscheln

Für die Pasta:

140 g Mehl · 60 g Hartweizengrieß

1 Ei · 1 Eigelb · 2 EL Olivenöl · Salz

abgeriebene Schale von

½ unbehandelten Zitrone

1 EL Dill (gehackt)

Mehl zum Ausrollen

Grieß zum Bestreuen

1—2 EL Olivenöl

Für die Muscheln:

1,2 kg Miesmuscheln · Salz

Zum Fertigstellen:

1 Chicorée

2 Stangen Staudensellerie

Salz · 1 TL Puderzucker

125 ml Weißwein

Saft von ½ Orange

3 EL Wermut

2 EL Sambuca (ital. Anislikör)

300 ml Gemüsebrühe

5 EL Olivenöl

1 EL Mascarpone

1 Streifen unbehandelte

Zitronenschale

1 Dillstiel

2 Scheiben Knoblauch

1 Scheibe Ingwer

120 g kleine weiße Bohnen

(aus der Dose)

Cayennepfeffer

Für 4 Personen

1 Für die Pasta Mehl, Hartweizengrieß, Ei, Eigelb, Olivenöl, 1 Prise Salz, Zitronenschale und Dill in der Küchenmaschine zu einem glatten, elastischen Teig verkneten. Den Teig in Frischhaltefolie wickeln und mindestens 30 Minuten kühl stellen.

2 Den Teig mit der Nudelmaschine oder dem Nudelholz zu dünnen Bahnen ausrollen, dabei mit Mehl bestäuben. In 2 cm große Rauten schneiden und bis zur Weiterverarbeitung auf einem mit Grieß bestreuten Tablett auslegen.

3 Die Nudeln in reichlich Salzwasser 2 Minuten ziehen lassen, in ein Sieb abgießen und abtropfen lassen. Auf einem Tablett ausbreiten, kurz ausdampfen lassen und mit dem Olivenöl vermischen.

4 Für die Muscheln die Miesmuscheln unter fließendem kaltem Wasser gründlich säubern, geöffnete Muscheln aussortieren. Muscheln in ausreichend Salzwasser einige Minuten garen, bis sie sich öffnen. Die Muscheln in ein Sieb abgießen, geschlossene aussortieren. Das Muschelfleisch aus den Schalen lösen.

5 Zum Fertigstellen den Chicorée putzen, waschen und in 1 cm breite Streifen schneiden. Den Staudensellerie putzen, waschen und schräg in Scheiben schneiden. In Salzwasser blanchieren, kalt abschrecken und abtropfen lassen.

6 Den Puderzucker in einem Topf bei milder Hitze hell karamellisieren lassen. Den Chicorée darin einige Minuten anbraten und herausnehmen. Wein, Orangensaft, Wermut und Sambuca dazugeben und auf etwa ein Drittel reduzieren lassen. Die Brühe angießen, das Olivenöl und den Mascarpone unterrühren. Zitronenschale, Dill, Knoblauch und Ingwer dazugeben, einige Minuten darin ziehen lassen und dann wieder entfernen.

7 Die weißen Bohnen in ein Sieb abgießen, kalt waschen und abtropfen lassen. Mit dem Chicorée, dem Sellerie und den Maltagliata in der Sauce erwärmen. Die Muscheln hinzufügen und ebenfalls kurz darin erwärmen. Mit Salz und Cayennepfeffer würzen und auf vorgewärmten Tellern anrichten.

Tagliatelle mit Kaninchenleber und Pistazien

Für die Pasta:

350 g Tagliatelle
Salz · 1 EL Olivenöl

Zum Fertigstellen:

200 g Kaninchenleber
(küchenfertig)
100 g breite grüne Bohnen · Salz
100 g kleine weiße Bohnen
(aus der Dose)
1 rote Zwiebel · 3 EL Olivenöl
100 ml Weißwein
3 EL Marsala (ital. Dessertwein)
1 EL weißer Balsamicoessig
350 ml Geflügelbrühe
50 g Mascarpone
Pfeffer aus der Mühle
1 TL getrocknetes Bohnenkraut
1 Knoblauchzehe · 1 Scheibe Ingwer
1 Streifen unbehandelte
Zitronenschale
2 EL Pistazienkerne
1 EL Petersilie (gehackt)
1 EL Butter

Für 4 Personen

1 Für die Pasta die Tagliatelle nach Packungsanweisung in reichlich Salzwasser bissfest kochen, in ein Sieb abgießen und abtropfen lassen. Die Nudeln auf einem Tablett ausbreiten, kurz ausdampfen lassen und mit dem Olivenöl vermischen.

2 Zum Fertigstellen die Kaninchenleber säubern und vierteln. Die grünen Bohnen putzen, waschen und schräg in dünne Streifen schneiden. In Salzwasser blanchieren, in Eiswasser abschrecken und abtropfen lassen. Die weißen Bohnen in ein Sieb abgießen, kalt waschen und abtropfen lassen. Die Zwiebel schälen, halbieren und in Streifen schneiden.

3 Die Zwiebelstreifen in einem flachen, breiten Topf in 1 EL Olivenöl bei milder Hitze glasig dünsten, mit den Weinen und dem Essig ablösen und auf ein Drittel reduzieren lassen. Die Brühe angießen, die Bohnen hinzufügen und das restliche Olivenöl sowie den Mascarpone unterrühren. Mit Salz, Pfeffer und Bohnenkraut würzen. Den Knoblauch schälen und halbieren. Mit dem Ingwer und der Zitronenschale zur Sauce geben und kurz darin ziehen lassen. Die Tagliatelle untermischen und kurz erwärmen. Knoblauch, Ingwer und Zitronenschale wieder entfernen. Pistazienkerne und Petersilie untermischen.

4 Die Butter in einer beschichteten Pfanne bei milder Hitze schmelzen lassen und die Kaninchenleber darin etwa 2 Minuten anbraten. Die Leber mit Salz und Pfeffer würzen.

5 Die Tagliatelle auf vorgewärmte Teller verteilen und die Kaninchenleber darauf anrichten.

» Die Kaninchenleber können Sie auch durch Geflügelleber und das getrocknete Bohnenkraut durch 1 bis 2 EL frisches Bohnenkraut ersetzen. «

Maronen-Kürbis-Tortelli mit Amarettini

Für den Nudelteig:

140 g Mehl · 60 g Weizengrieß
1 Ei · 1 Eigelb · 2 EL Olivenöl · Salz

Für die Füllung:

400 g Muskatkürbisfleisch
½ Knoblauchzehe
je 1 Streifen unbehandelte
Orangen- und Zitronenschale
grobes Meersalz
2 Thymianzweige
50 g Ricotta
1−2 EL frisch geriebenes Weißbrot
3 EL braune Butter (siehe Seite 12)
1 EL frisch geriebener Parmesan
Salz · Cayennepfeffer
frisch geriebene Muskatnuss
50 g gegarte Maronen
(vakuumiert)

Zum Fertigstellen:

Mehl zum Ausrollen · 1 Eiweiß
Grieß zum Bestreuen
50 g Muskatkürbisfleisch
100 ml Gemüsebrühe
1 EL braune Butter (siehe Seite 12)
2 EL Butter
einige Salbeiblätter · Salz
einige Amarettini
(kleine ital. Mandelkekse)
2−3 EL frisch gehobelter Parmesan

Für 4 Personen · siehe Foto rechts

1 Für den Nudelteig Mehl, Weizengrieß, Ei, Eigelb, Olivenöl und 1 Prise Salz in der Küchenmaschine zu einem glatten, elastischen Teig verkneten. Den Teig in Frischhaltefolie wickeln und mindestens 30 Minuten kühl stellen.

2 Für die Füllung den Backofen auf 200 °C vorheizen. Das Kürbisfleisch in 2 cm große Würfel schneiden. Mit Knoblauch, Orangen- und Zitronenschale, etwas Meersalz und dem Thymian in Alufolie verschließen und im Backofen etwa 1 Stunde weich garen.

3 Kürbiswürfel auf ein feines Sieb geben und kräftig ausdrücken, sodass nur etwa die Hälfte Kürbisfleisch übrig bleibt. Das Kürbisfleisch mit dem Blitzhacker pürieren und mit dem Ricotta, dem Weißbrot, der braunen Butter und dem Parmesan verrühren. Die Füllung mit Salz, Cayennepfeffer und Muskatnuss abschmecken. Die Maronen möglichst klein schneiden und unterrühren.

4 Zum Fertigstellen den Teig vierteln und mit der Nudelmaschine oder dem Nudelholz zu vier langen, dünnen Teigbahnen ausrollen, dabei mit etwas Mehl bestäuben. Die Hälfte der Teigbahnen dünn mit Eiweiß bestreichen, etwas Füllung mit einem Teelöffel im Abstand von 3 cm darauf setzen und die restlichen Teigbahnen locker und so glatt wie möglich darüber legen. Die oberen Teigplatten mit den Fingern um die Füllung herum andrücken. Mit einem runden Ausstecher (etwa 7 cm Durchmesser) Tortelli ausstechen, die Ränder ohne Luftblasen verschließen und mit einer Gabel etwas andrücken. Bis zur Weiterverarbeitung auf einem mit Grieß bestreuten Tablett auslegen.

5 Das Kürbisfleisch in kleine Würfel schneiden. Die Brühe in einer Pfanne erhitzen und die Kürbiswürfel darin 5 Minuten dünsten. Die braune Butter unterrühren, die restliche Butter hinzufügen und schmelzen lassen. Dann den Salbei hinzufügen. Die Tortelli in siedendem Salzwasser 2 Minuten ziehen lassen. Mit einer Schaumkelle herausheben und kurz in der Pfanne schwenken. Die Maronen-Kürbis-Tortelli auf vorgewärmten Tellern anrichten, die Amarettini grob zerbröseln und mit dem Parmesan über die Tortelli streuen.

Fusilli mit Bresaola und Rucola

400 g Fusilli · Salz
1–2 EL Olivenöl
1 Bund Rucola
300 ml Geflügelbrühe
Cayennepfeffer
2 Scheiben Knoblauch
50 g Butter
50 g Bresaola (luftgetrocknetes
Rindfleisch; in hauch-
dünnen Scheiben)
Pfeffer aus der Mühle
2 EL frisch geriebener Parmesan

Für 4 Personen

1 Die Fusilli nach Packungsanweisung in reichlich Salzwasser bissfest kochen, in ein Sieb abgießen und abtropfen lassen. Die Nudeln auf einem Tablett ausbreiten, kurz ausdampfen lassen und mit dem Olivenöl vermischen.

2 Den Rucola verlesen, waschen und trockenschütteln. Grobe Stiele entfernen und die Blätter grob hacken.

3 Die Brühe mit Cayennepfeffer und dem Knoblauch in einem Topf erhitzen. Den Knoblauch einige Minuten darin ziehen lassen und wieder entfernen. Die Butter unterrühren.

4 Die Fusilli, den Rucola und die Bresaola unter die Brühe mischen. Mit Pfeffer würzen, den Topf vom Herd nehmen und den Parmesan unterheben. Die Fusilli auf vorgewärmten Tellern anrichten.

Rote-Bete-Leber-Ravioli
auf Marsala-Zabaione

Für den Nudelteig:

140 g Mehl · 60 g Weizengrieß

1 Ei · 1 Eigelb · 2 EL Olivenöl · Salz

Für die Füllung:

1 Rote Bete

½ TL ganzer Kümmel · Salz

¼ Apfel · ½ Zwiebel

250 g Geflügelleber (küchenfertig)

1 TL Pimentkörner

1 TL schwarze Pfefferkörner

1 TL Wacholderbeeren

2 cm Zimtrinde

1 Lorbeerblatt · 1 EL Butter

1 Msp getrockneter Oregano

Cayennepfeffer

frisch geriebene Muskatnuss

Für die Zabaione:

2 Eigelb

50 ml Marsala (ital. Dessertwein)

50 ml Geflügelbrühe · Salz

30 g kalte Butter (in Würfeln)

Cayennepfeffer

frisch geriebene Muskatnuss

Zum Fertigstellen:

Mehl zum Ausrollen

1 Eiweiß · Grieß zum Bestreuen

½ Apfel · 1 EL Butter

Salz · 1 EL Schnittlauchröllchen

Für 4 Personen · siehe Foto rechts

1 Für den Nudelteig Mehl, Weizengrieß, Ei, Eigelb, Olivenöl und 1 Prise Salz zu einem glatten, elastischen Teig verkneten. Den Teig in Frischhaltefolie wickeln und mindestens 30 Minuten kühl stellen.

2 Für die Füllung die Rote Bete mit dem Kümmel in Salzwasser etwa 1 ½ Stunden weich kochen, schälen und in kleine Würfel schneiden. 2 EL Rote-Bete-Würfel zum Anrichten beiseite legen. Den Apfel schälen und entkernen, die Zwiebel schälen. Beides ebenso wie die Leber in kleine Würfel schneiden.

3 Piment, Pfefferkörner, Wacholderbeeren, grob zerstoßenen Zimt und Lorbeer in eine Gewürzmühle füllen. In einer Pfanne die Zwiebelwürfel in der geschmolzenen Butter bei milder Hitze glasig dünsten. Leber, Apfel, Rote Bete und Oregano kurz mitdünsten. Mit Salz, Cayennepfeffer, Muskatnuss und den Gewürzen aus der Mühle würzen.

4 Für die Zabaione Eigelb, Marsala und Brühe mit 1 Prise Salz in einem Schlagkessel im heißen Wasserbad schaumig aufschlagen. Die kalte Butter unterrühren. Die Zabaione mit Salz, Cayennepfeffer und Muskatnuss abschmecken und warm halten.

5 Zum Fertigstellen den Teig vierteln und mit der Nudelmaschine oder dem Nudelholz zu vier langen, dünnen Teigbahnen ausrollen, dabei mit etwas Mehl bestäuben. Die Hälfte der Teigbahnen dünn mit Eiweiß bestreichen. Etwas Füllung mit einem Teelöffel im Abstand von etwa 6 cm darauf setzen und die restlichen Teigbahnen locker und so glatt wie möglich darüber legen. Die oberen Teigplatten mit den Fingern um die Füllung herum andrücken, mit einem runden Ausstecher (5 bis 6 cm Durchmesser) Ravioli ausstechen und die Ränder ohne Luftblasen verschließen. Bis zur Weiterverarbeitung auf einem mit Grieß bestreuten Tablett auslegen.

6 Den Apfel schälen, halbieren, entkernen und in dünne Spalten schneiden. Die Apfelspalten und die beiseite gelegten Rote-Bete-Würfel in der geschmolzenen Butter andünsten.

7 Die Ravioli in siedendem Salzwasser 2 Minuten ziehen lassen. Mit einer Schaumkelle herausheben und kurz abtropfen lassen. Die Zabaione auf vorgewärmte Teller verteilen, die Ravioli darauf anrichten und mit Apfelspalten, Rote-Bete-Würfeln und Schnittlauch garnieren.

Ravioli mit Bohnen und Speck

1 Rezept Nudelteig
(siehe Seite 58)
½–1 TL getrocknetes Bohnenkraut
170 g weiße Riesenbohnen
(aus der Dose)
100 ml Gemüsebrühe · ½ Zwiebel
40 g durchwachsener Speck
(am Stück)
3 EL Olivenöl · Cayennepfeffer
frisch geriebene Muskatnuss
Salz · 1 EL Petersilie (gehackt)
1 TL Bohnenkraut (gehackt)
1 Scheibe Knoblauch
einige Salbeiblätter

Für 4 Personen

1 Den Nudelteig wie auf Seite 58 beschrieben zubereiten, dabei das Bohnenkraut untermischen. In Folie gewickelt 30 Minuten kühl stellen.

2 Die Bohnen in ein Sieb abgießen, kalt waschen und abtropfen lassen. Mit 50 ml Brühe im Küchenmixer pürieren. Die Zwiebel schälen und ebenso wie den Speck in Würfel schneiden. Beides in 1 EL Olivenöl glasig dünsten und dann mit 1 EL Olivenöl unter das Püree rühren. Mit Cayennepfeffer, Muskatnuss, Salz und den Kräutern würzen.

3 Den Teig wie auf Seite 58 beschrieben zu Ravioli verarbeiten, dabei die Füllung im Abstand von etwa 3 cm auf dem Teig verteilen. Die Ravioli in siedendem Salzwasser 2 Minuten ziehen lassen, herausheben und abtropfen lassen.

4 Die restliche Brühe mit dem restlichen Olivenöl, Knoblauch und Salbei erhitzen und die Ravioli darin schwenken. Die Ravioli schmecken pur oder als Beilage zur geschmorten Lammkeule von Seite 110.

Lasagne von Radicchio und Fontinakäse

Für die Béchamelsauce:

¹/₂ kleine Zwiebel · 1 Lorbeerblatt

2 Nelken

80 g Butter · 80 g Mehl

¹/₂ l kalte Gemüsebrühe

¹/₂ l kalte Milch

1 Thymianzweig

1 Knoblauchzehe

Salz · Cayennepfeffer

frisch geriebene Muskatnuss

Für die Füllung:

¹/₂ Zwiebel

500 g Radicchio di Treviso

1–2 EL Olivenöl

2 TL Puderzucker

Zum Fertigstellen:

Öl für die Form

9 Lasagneblätter (ohne Vorkochen)

500 g Fontinakäse

(in möglichst dünnen Scheiben)

2 TL Puderzucker

150 ml Rotwein

2 EL Olivenöl

Salz · Pfeffer aus der Mühle

frisch geriebene Muskatnuss

Für 4 Personen

1 Für die Béchamelsauce die Zwiebel schälen und mit dem Lorbeerblatt und den Nelken spicken. Die Butter in einem Topf schmelzen lassen und das Mehl darin einige Minuten anschwitzen. Die Brühe und die Milch unter Rühren hinzufügen.

2 Die gespickte Zwiebel mit dem Thymian und dem ungeschälten Knoblauch in die Sauce geben und die Sauce 5 bis 10 Minuten bei milder Hitze köcheln lassen. Zwiebel, Thymian und Knoblauch wieder entfernen und die Sauce mit Salz, Cayennepfeffer und Muskatnuss würzen.

3 Für die Füllung die Zwiebel schälen und in kleine Würfel schneiden. Den Radicchio putzen, waschen und trockenschleudern. Die Salatblätter in 5 cm lange Streifen schneiden, dabei den weißen Strunk entfernen.

4 Den Radicchio in einer großen Pfanne im Olivenöl anbraten und aus der Pfanne nehmen. Den Puderzucker in die Pfanne stäuben und hell karamellisieren lassen. Die Zwiebelwürfel darin bei milder Hitze glasig dünsten und den Radicchio untermischen.

5 Zum Fertigstellen den Backofen auf 175 °C vorheizen. Eine Auflaufform einfetten und ein Drittel der Béchamelsauce darin verteilen. Mit 3 Lasagneblättern bedecken und ein weiteres Drittel der Sauce darauf streichen. Die Hälfte des Radicchios darauf verteilen und mit der Hälfte der Käsescheiben bedecken. Mit 3 weiteren Lasagneblättern bedecken, die restliche Sauce und den restlichen Radicchio darauf verteilen. Mit den restlichen Lasagneblättern und den restlichen Käsescheiben abschließen. Die Lasagne im vorgeheizten Ofen etwa 50 Minuten goldbraun backen.

6 Den Puderzucker in einer Pfanne bei milder Hitze hell karamellisieren lassen, mit dem Wein ablöschen und sirupartig reduzieren lassen. Vom Herd nehmen und das Olivenöl unterrühren. Die Sauce mit Salz, Pfeffer und Muskatnuss würzen.

7 Die Lasagne in Stücke schneiden, auf vorgewärmte Teller verteilen und mit der Rotweinsauce beträufeln.

Makkaroni-Auflauf mit Bologneser Sauce

Für die Sauce:

1 Zwiebel · 1 Möhre
1 Stange Staudensellerie
3 EL Olivenöl
300 g Rinderhackfleisch
200 g Schweinehackfleisch
50 ml Weißwein
3 EL Tomatenmark
750 g Tomatenstücke
(aus der Dose)
¼ l Geflügelbrühe
½ TL getrockneter Oregano
2 Knoblauchzehen
1 Streifen unbehandelte
Zitronenschale
Salz · Pfeffer aus der Mühle
Cayennepfeffer · Zucker

Zum Fertigstellen:

350 g Makkaroni · Salz
Öl für die Form
250 g grob geriebener Taleggio

Für 4 Personen

1 Für die Sauce die Zwiebel und und die Möhre schälen. Den Staudensellerie putzen und waschen. Zwiebel, Möhre und Staudensellerie in möglichst kleine Würfel schneiden.

2 Die Gemüsewürfel in einem Topf im Olivenöl bei milder Hitze einige Minuten andünsten. Das Hackfleisch dazugeben und krümelig braten. Mit dem Wein ablöschen und das Tomatenmark unterrühren. Die Sauce 10 Minuten etwas reduzieren lassen.

3 Die Tomatenstücke mit der Brühe hinzufügen und die Sauce etwa 1 Stunde unter häufigem Rühren mehr ziehen als köcheln lassen. Kurz vor Ende der Garzeit mit Oregano würzen. Den Knoblauch schälen, halbieren und mit der Zitronenschale dazugeben. 5 Minuten in der Sauce ziehen lassen und wieder entfernen. Die Bologneser Sauce mit Salz, Pfeffer, Cayennepfeffer und Zucker würzen.

4 Zum Fertigstellen den Backofen auf 180 °C vorheizen. Die Makkaroni nach Packungsanweisung in reichlich Salzwasser bissfest kochen, in ein Sieb abgießen und abtropfen lassen.

5 Eine Auflaufform einfetten und ein Drittel der heißen Makkaroni hineingeben. Die Hälfte der heißen Sauce darauf verteilen und die Hälfte des Käses darüber streuen. Je eine weitere Schicht Makkaroni und Sauce darauf geben und mit einer Schicht Nudeln abschließen. Den Makkaroni-Auflauf mit dem restlichen Taleggio bestreuen und im vorgeheizten Ofen auf der mittleren Schiene etwa 30 Minuten goldbraun backen.

>> Die Sauce kann man nach Belieben mit etwas Pancetta (ital. Bauchspeck) verfeinern, der in kleine Würfel geschnitten mit dem Gemüse angedünstet wird. Und anstelle von Taleggio können Sie auch Fontina oder Butterkäse verwenden. Wird der Auflauf vorbereitet und kalt in den Ofen geschoben, verlängert sich die Backzeit auf 50 bis 60 Minuten. <<

Fleischpflanzerl-Cannelloni mit Tomaten-Zucchini-Ragout

Für den Nudelteig:

140 g Mehl · 60 g Weizengrieß
1 Ei · 1 Eigelb · 2 EL Olivenöl · Salz

Für das Ragout:

3 reife Tomaten · ½ Zucchino
½ Zwiebel · 1 EL Olivenöl
1 Knoblauchzehe
2 EL Tomatenmark
400 g geschälte Tomaten
(aus der Dose)
200 ml Geflügelbrühe
½ TL getrockneter Oregano
½ TL getrocknetes Basilikum
Salz · Cayennepfeffer

Für die Füllung:

70 g Toastbrot (ohne Rinde)
70 ml Milch · 1 Zwiebel
1 EL Butter · 200 g Kalbshackfleisch
200 g Schweinehackfleisch
1 Ei · 100 g Ricotta
2 EL frisch geriebener Parmesan
1–2 TL scharfer Senf
Salz · Pfeffer aus der Mühle
Cayennepfeffer
½ TL getrockneter Oregano
½ Knoblauchzehe (gehackt)
1 EL Petersilie (grob gehackt)

Zum Fertigstellen:

Mehl zum Ausrollen
Salz · Öl für die Form
3 EL frisch geriebener Parmesan

Für 4 Personen

1 Für den Nudelteig Mehl, Weizengrieß, Ei, Eigelb, Olivenöl und 1 Prise Salz in der Küchenmaschine zu einem glatten, elastischen Teig verkneten. Den Teig in Frischhaltefolie wickeln und mindestens 30 Minuten kühl stellen.

2 Für das Ragout von den Tomaten den Stielansatz entfernen, die Tomaten kreuzweise einritzen und etwa 20 Sekunden in kochendes Wasser tauchen. Kalt abschrecken, häuten, vierteln, entkernen und in kleine Würfel schneiden. Den Zucchino putzen, waschen und in ½ cm große Würfel schneiden. Die Zwiebel schälen und in kleine Würfel schneiden.

3 Die Zwiebelwürfel in einem Topf im Olivenöl mit dem ungeschälten Knoblauch bei milder Hitze glasig dünsten. Die Zucchiniwürfel kurz mitdünsten und das Tomatenmark unterrühren. Die Dosentomaten mit dem Stabmixer pürieren und mit der Brühe zum Gemüse geben. Das Ragout 5 Minuten köcheln lassen. Tomatenwürfel, Oregano und Basilikum hinzufügen und den Knoblauch wieder entfernen. Das Ragout mit Salz und Cayennepfeffer abschmecken.

4 Für die Füllung das Toastbrot in der Milch einweichen. Die Zwiebel schälen, in kleine Würfel schneiden, in einer Pfanne in der Butter bei milder Hitze glasig dünsten und vom Herd nehmen. Beide Hackfleischsorten mit dem eingeweichten Brot, Ei, Ricotta, Parmesan, Senf und Zwiebelwürfeln mischen und mit Salz, Pfeffer, Cayennepfeffer, Oregano, Knoblauch und Petersilie würzen.

5 Zum Fertigstellen den Backofen auf 160 °C vorheizen. Den Teig mit der Nudelmaschine oder dem Nudelholz zu dünnen Bahnen ausrollen, dabei mit etwas Mehl bestäuben. 16 Teigquadrate von etwa 10 cm Seitenlänge ausschneiden. Die Teigblätter 1 Minute in siedendem Salzwasser ziehen lassen, herausheben und abtropfen lassen.

6 Die Füllung in einen Spritzbeutel ohne Tülle füllen und auf die Mitte der Teigquadrate spritzen. Die Teigblätter über der Füllung zusammenschlagen und mit der Nahtseite nach unten in eine gefettete Auflaufform setzen. Das Tomaten-Zucchini-Ragout darüber verteilen.

7 Die Fleischpflanzerl-Cannelloni mit dem Parmesan bestreuen und im vorgeheizten Ofen auf der mittleren Schiene zugedeckt etwa 25 Minuten garen.

Schlutzkrapfen mit Ricotta-Spinat-Füllung

Für den Nudelteig:

100 g Roggenmehl

100 g Weizenmehl

2 Eier · 1 EL Olivenöl · Salz

Für die Füllung:

350 g Spinatblätter · Salz

½ Zwiebel · 1 EL Butter

1 Msp Knoblauch (gehackt)

150 g Ricotta

40 g frisch geriebener Parmesan

1 EL braune Butter (siehe Seite 12)

Pfeffer aus der Mühle

frisch geriebene Muskatnuss

Zum Fertigstellen:

Mehl zum Ausrollen

1 Eiweiß

100 g Butter

2 Scheiben Knoblauch

Salz · Pfeffer aus der Mühle

1 EL Schnittlauchröllchen

1 EL frisch geriebener Parmesan

2 EL frisch gehobelter Parmesan

Für 4 Personen · siehe Foto rechts

1 Für den Nudelteig Roggenmehl, Weizenmehl, Eier, Olivenöl und 1 Prise Salz in der Küchenmaschine zu einem glatten, elastischen Teig verkneten. Den Teig in Frischhaltefolie wickeln und mindestens 30 Minuten kühl stellen.

2 Für die Füllung den Spinat verlesen, waschen und abtropfen lassen, grobe Stiele entfernen. Den Spinat in Salzwasser blanchieren, in Eiswasser abschrecken, mit den Händen gut ausdrücken und hacken.

3 Die Zwiebel schälen, in kleine Würfel schneiden und in einer Pfanne in der Butter bei milder Hitze glasig dünsten. Den Knoblauch hinzufügen und die Pfanne vom Herd nehmen. Ricotta, Zwiebelwürfel, Knoblauch, Spinat, Parmesan und die braune Butter verrühren. Die Füllung mit Salz, Pfeffer und Muskatnuss abschmecken.

4 Zum Fertigstellen den Teig mit der Nudelmaschine oder dem Nudelholz zu sechs langen, dünnen Teigbahnen ausrollen, dabei mit etwas Mehl bestäuben. Die Teigbahnen dünn mit Eiweiß bestreichen. Etwas Füllung mit einem Teelöffel im Abstand von 3 bis 4 cm auf die Mitte der Teigbahnen setzen. Die einzelnen Teigbahnen längs über der Füllung zusammenfalten. Den Teig um die Füllung herum mit den Fingern andrücken, mit einem halbmondförmigen Ausstecher Täschchen ausstechen und die Ränder ohne Luftblasen verschließen.

5 Die Butter in einer Pfanne bei milder Hitze schmelzen und leicht bräunen lassen. Den Knoblauch hinzufügen. Die Schlutzkrapfen in siedendem Salzwasser 2 Minuten ziehen lassen, mit der Schaumkelle herausheben und abtropfen lassen. Den Knoblauch wieder aus der Butter entfernen und die Schlutzkrapfen in der Butter schwenken. Mit Salz und Pfeffer würzen, mit Schnittlauch und geriebenem und gehobeltem Parmesan bestreut servieren.

»Außerhalb der Saison oder wenn es etwas schneller gehen soll, können Sie auch tiefgekühlten Blattspinat anstelle von frischem Spinat verwenden.«

Linguine mit Gorgonzolasauce

Für die Pasta:

400 g Linguine · Salz
1–2 EL Olivenöl

Für die Sauce:

1 kleine reife Birne
80 g Gorgonzola
¼ l Gemüsebrühe
4 EL Sahne
2 EL Butter
Cayennepfeffer
frisch geriebene Muskatnuss
Pfeffer aus der Mühle
2 EL Walnusshälften

Für 4 Personen

1 Für die Pasta die Linguine nach Packungsanweisung in reichlich Salzwasser bissfest kochen, in ein Sieb abgießen und abtropfen lassen. Die Nudeln auf einem Tablett ausbreiten, kurz ausdampfen lassen und mit dem Olivenöl vermischen.

2 Für die Sauce die Birne schälen, vierteln, entkernen und in kleine Würfel schneiden. Den Gorgonzola in Würfel schneiden. Die Brühe mit der Sahne erwärmen. Den Gorgonzola und die Butter dazugeben und die Sauce mit dem Stabmixer schaumig aufschlagen.

3 Die Birnenwürfel zur Sauce geben und je nach Reifegrad einige Minuten knapp unter dem Siedepunkt darin ziehen lassen, bis sie weich sind. Mit Cayennepfeffer, Muskatnuss, Pfeffer und nach Belieben mit etwas Salz würzen.

4 Die Linguine mit der Gorgonzolasauce vermischen, auf vorgewärmten Tellern anrichten und mit den Walnüssen bestreuen.

Speckknödel auf Rahmkraut

Für die Knödel-Grundmasse:

1 kleine Zwiebel · 1 EL Butter
250 g Semmeln oder Weißbrot
(vom Vortag)
100 ml Milch · 2 Eier
Salz · Pfeffer aus der Mühle
frisch gemahlene Muskatnuss
1 EL Petersilie (gehackt)

Für die Speckknödel:

100 g Südtiroler Speck

Für das Rahmkraut:

1 große Zwiebel · 1 EL Öl
800 g Sauerkraut (aus der Dose)
100 ml Prosecco
350 ml Gemüsebrühe
1 Stück Speckschwarte
5 schwarze Pfefferkörner
2 Wacholderbeeren · 1 Lorbeerblatt
1 EL Apfelmus (aus dem Glas)
50 g Sahne
Salz · Cayennepfeffer · Zucker
3 EL kalte Butter

Für 4 Personen

1 Für die Knödel die Zwiebel schälen und in kleine Würfel schneiden. Die Butter in einer Pfanne bei milder Hitze schmelzen lassen und die Zwiebelwürfel darin glasig dünsten. Die Pfanne vom Herd nehmen.

2 Die Semmeln halbieren und in möglichst dünne Scheiben schneiden. Oder das Weißbrot in möglichst dünne Scheiben schneiden. Die Milch einmal aufkochen und vom Herd nehmen. Die Eier verquirlen, mit der Milch verrühren und mit Salz, Pfeffer und Muskatnuss würzen. Die Eiermilch über die Semmel- oder Brotscheiben gießen, Zwiebel und Petersilie untermischen und zugedeckt 10 Minuten ziehen lassen.

3 Den Speck in sehr kleine Würfel schneiden und mit der Knödelmasse mischen. Mit angefeuchteten Händen zu zwei 4 cm dicken Rollen drehen und zuerst in Frischhaltefolie, dann in Alufolie wickeln. In siedendem Wasser 15 Minuten garen.

4 Für das Rahmkraut die Zwiebel schälen und in kleine Würfel schneiden. In einem Topf im Öl bei milder Hitze glasig dünsten. Das Sauerkraut hinzufügen, kurz mitdünsten und mit Prosecco ablöschen. Den Prosecco fast völlig reduzieren lassen und die Brühe angießen. Die Speckschwarte dazugeben und das Kraut bei milder Hitze etwa 30 Minuten schmoren. Die Pfefferkörner, die Wacholderbeeren und das Lorbeerblatt in ein Gewürzsäckchen binden. Das Apfelmus und das Gewürzsäckchen zum Kraut geben.

5 Das Sauerkraut weitere 15 Minuten garen. Dann das Gewürzsäckchen wieder entfernen und die Sahne unterrühren. Das Rahmkraut mit Salz, Cayennepfeffer und Zucker abschmecken. Die Butter hinzufügen und darin schmelzen lassen.

6 Die gegarten Speckknödel aus der Folie rollen, schräg in Scheiben schneiden und auf dem Rahmkraut anrichten. Nach Belieben mit gebratenen Speckscheiben garnieren.

» Etwas luftiger werden die Knödel, wenn Sie den Milch-anteil auf ¼ l erhöhen und 2 bis 3 EL braune Butter unter die Knödelmasse mischen. Dann sollten Sie die Masse aber nur locker vermischen und nicht kneten, damit die Eiermilch gründlich vom Brot aufgesaugt wird. «

Kaspressknödel

½ Rezept Knödel-Grundmasse
(siehe Seite 66)
60 g Bergkäse · 60 g Graukäse
½ kleiner Apfel
Salz · Pfeffer
2 EL Butter
Brühe oder Gemüsesuppe
zum Servieren

Für 4 Personen · siehe Foto Seite 67

1 Für die Kaspressknödel ½ Knödel-Grundmasse wie auf Seite 66 beschrieben zubereiten.

2 Den Berg- und den Graukäse grob reiben oder in kleine Würfel schneiden. Den Apfel schälen, halbieren, entkernen und in sehr kleine Würfel schneiden. Die Knödelmasse mit dem Käse und den Apfelwürfeln verkneten. Mit Salz und Pfeffer abschmecken.

3 Aus der Masse mit angefeuchteten Händen 12 kleine Knödel formen und zu etwa 1 cm dicken Talern flach drücken. Die Butter in einer Pfanne schmelzen lassen und die Knödel darin bei milder Hitze von beiden Seiten goldbraun braten. Die Kaspressknödel in heißer Brühe oder Gemüsesuppe kurz ziehen lassen und servieren.

Fleischknödel in der Sauce

1 Rezept Knödel-Grundmasse
(siehe Seite 66)
1 Zwiebel · 2 EL Olivenöl
400 g Rinderhackfleisch
2 TL Tomatenmark
2 Msp Paprikapulver (edelsüß)
½ l Gemüsebrühe
1 TL abgeriebene unbehandelte
Zitronenschale
1 Knoblauchzehe (gehackt)
½ TL getrockneter Oregano
Salz · Cayennepfeffer

Für 4 Personen · siehe Foto Seite 67

1 Für die Fleischknödel die Knödel-Grundmasse wie auf Seite 66 beschrieben zubereiten.

2 Die Zwiebel schälen und in kleine Würfel schneiden. In einer Pfanne im Olivenöl glasig dünsten. Das Hackfleisch hinzufügen und krümelig braten. Das Tomatenmark unterrühren und das Hackfleisch mit Paprika würzen. Die Brühe angießen und die Sauce bei milder Hitze etwa 30 Minuten köcheln lassen.

3 Die Sauce mit etwas Zitronenschale, Knoblauch, Oregano, Salz und Cayennepfeffer würzen. Das Hackfleisch in ein Sieb abgießen und gut ausdrücken, dabei die Sauce auffangen.

4 Die Fleischkrümel mit der Knödelmasse vermischen und mit der restlichen Zitronenschale würzen. Aus der Masse mit angefeuchteten Händen golfballgroße Knödel formen und in siedendem Salzwasser 8 bis 10 Minuten gar ziehen lassen.

5 Die Schmorsauce wieder erwärmen und die Fleischknödel mit der Sauce anrichten.

Penne mit Tomatensauce und Lammbällchen

Für die Lammbällchen:

2 Lorbeerblätter

2 cm Zimtrinde

1 EL schwarze Pfefferkörner

1 TL Pimentkörner

½ TL Korianderkörner

1 Zwiebel · 1 EL Öl · 100 g Weißbrot

140 ml Milch · 2 Eier

je ½ TL abgeriebene unbehandelte
Orangen- und Zitronenschale

500 g Lammhackfleisch

1 EL Petersilie (gehackt)

Salz · Cayennepfeffer

½ TL getrockneter Oregano

reichlich Öl zum Braten

Für die Sauce:

1 Knoblauchzehe

400 g geschälte Tomaten
(aus der Dose)

80 ml Gemüsebrühe

Salz · Pfeffer aus der Mühle

1 Prise Zucker

1 Prise gemahlener Zimt

5 EL Olivenöl

Für die Pasta:

350 g Penne · Salz

Zum Anrichten:

2 EL frisch gehobelter Parmesan

Für 4 Personen

1 Für die Lammbällchen Lorbeerblätter und Zimtrinde grob zerstoßen und mit Piment, Pfeffer- und Korianderkörner in eine Gewürzmühle füllen. Die Zwiebel schälen, in möglichst kleine Würfel schneiden und in einer Pfanne im Öl bei milder Hitze glasig dünsten. Vom Herd nehmen und leicht abkühlen lassen.

2 Das Weißbrot in kleine Würfel schneiden und mit der Milch vermischen. Die Eier mit der Orangen- und Zitronenschale verquirlen. Das Hackfleisch mit den Zwiebelwürfeln, dem eingeweichten Brot, den Eiern und der Petersilie vermischen. Mit Salz, Cayennepfeffer, Oregano und den Gewürzen aus der Mühle kräftig würzen.

3 Aus der Hackfleischmasse mit angefeuchteten Händen kleine Bällchen formen. In einer tiefen Pfanne etwa fingerhoch Öl erhitzen und die Lammbällchen darin bei mittlerer Hitze von allen Seiten goldbraun braten. Mit der Schaumkelle herausheben und auf Küchenpapier abtropfen lassen.

4 Für die Sauce den Knoblauch schälen und in Scheiben schneiden. Die Dosentomaten mit dem Stabmixer pürieren und mit der Brühe in einen Topf geben. Einmal aufkochen lassen, den Knoblauch dazugeben und die Sauce mit Salz, Pfeffer, Zucker und Zimt würzen. Das Olivenöl mit dem Stabmixer unterschlagen und die Sauce, falls nötig, nachwürzen. Die Bällchen in die Sauce geben.

5 Für die Pasta die Penne nach Packungsanweisung in reichlich Salzwasser bissfest kochen, in ein Sieb abgießen und abtropfen lassen.

6 Zum Anrichten die Penne mit der Tomatensauce und den Lammbällchen auf vorgewärmten Tellern anrichten und mit Parmesan bestreut servieren.

» *Sie können die Bällchen auch mit Rinderhackfleisch zubereiten und mit getrocknetem Thymian statt mit Oregano verfeinern.* «

Fisch

Gebratene Sardinen auf Fenchel-Orangen-Salat

Für den Salat:

1 Fenchelknolle (mit Grün)

Salz · 2 Orangen

1 EL Zitronensaft

1 EL Sambuca (ital. Anislikör)

Pfeffer aus der Mühle

1 Prise Zucker

je 1 Msp abgeriebene unbehandelte
Orangen- und Zitronenschale

2 EL Olivenöl

1 Prise Kaffeepulver

½ Kopf Castelfranco
(weißer Radicchio)

½ Kopf roter Radicchio

Für die Sardinen:

10 mittelgroße Sardinen

3–4 EL doppelgriffiges Mehl

1–2 TL Thymianblättchen

Salz · Pfeffer aus der Mühle

2–3 EL Öl

Für 4 Personen

1 Für den Salat die Fenchelknolle putzen, waschen und quer in hauchdünne Streifen hobeln. Das Fenchelgrün klein schneiden und beiseite legen. Fenchelstreifen in Salzwasser blanchieren, kalt abschrecken und auf einem Sieb abtropfen lassen. Die Orangen mit einem scharfen Messer so schälen, dass auch die weiße Haut mit entfernt wird. Die Filets zwischen den Trennhäuten herausschneiden, dabei den Saft auffangen. Aus den Orangenresten den Saft auspressen.

2 Für die Marinade Orangen- und Zitronensaft, Sambuca, Salz, Pfeffer, Zucker, die abgeriebene Orangen- und Zitronenschale und das Olivenöl verrühren. Mit dem Kaffeepulver abschmecken und das Fenchelgrün unterrühren.

3 Den weißen und den roten Radicchio putzen, waschen, trockenschleudern und in mundgerechte Stücke zupfen. Die Salatblätter mit dem Fenchel, den Orangenfilets und der Marinade mischen.

4 Für die Sardinen die Sardinen entgräten (siehe Tipp), vorsichtig unter fließendem kaltem Wasser waschen und trockentupfen.

5 Das Mehl mit den Thymianblättchen mischen und mit Salz und Pfeffer würzen. Die Sardinen ebenfalls mit Salz und Pfeffer würzen und auf der Hautseite in das Mehl tauchen. In einer Pfanne im Öl bei mittlerer Hitze auf der Hautseite goldbraun braten und wenden. Die Pfanne vom Herd nehmen und die Fischfilets in der Resthitze knapp 1 Minute fertig garen. Den Fenchelsalat mit den gebratenen Sardinen anrichten.

≫ *So entgräten Sie die Sardinen am besten: Die Köpfe abtrennen, von der Kopfseite her die starke Mittelgräte vorsichtig herauslösen, dabei die Bauchhöhle öffnen und die Gräte von der Schwanzflosse abschneiden. So bleibt die dekorative Schwanzflosse erhalten.* ≪

Geschmorter Aal auf Fenchelrisotto

Für den Aal:

½ Zwiebel

½ dünne Stange Lauch (ca. 100 g)

1 EL schwarze Pfefferkörner

je 1 TL Wacholderbeeren

und Pimentkörner

½ TL Korianderkörner

4 EL Olivenöl · 80 ml Weißwein

1 EL Tomatenmark · 1 Lorbeerblatt

150 ml Gemüsebrühe

300 g Tomatenstücke

(aus der Dose)

Salz · 1 Prise Zucker

Cayennepfeffer

1 Thymianzweig

3 Scheiben Knoblauch

200 g Aalfilet (küchenfertig)

1 EL Petersilie (gehackt)

Für den Risotto:

½ Zwiebel · 1 kleine Fenchelknolle

3 EL Olivenöl

300 g Risottoreis (z. B. Arborio

oder Vialone nano)

ca. ¾ l heiße Gemüsebrühe

je 1 Scheibe Knoblauch

und Ingwer

1 Streifen unbehandelte

Zitronenschale

Salz · Cayennepfeffer

2 EL Mascarpone

1 EL Thymian (gehackt)

50 g frisch geriebener Parmesan

Für 4 Personen

1 Für den Aal die Zwiebel schälen und in kleine Würfel schneiden. Den Lauch putzen, längs halbieren, waschen und quer in dünne Streifen schneiden. Pfefferkörner, Wacholderbeeren, Piment- und Korianderkörner in eine Gewürzmühle füllen.

2 Die Zwiebelwürfel in einem flachen, breiten Topf bei milder Hitze in 1 EL Olivenöl glasig dünsten, die Lauchstreifen dazugeben und kurz mitdünsten. Mit Wein ablöschen und das Tomatenmark unterrühren. Das Lorbeerblatt hinzufügen und die Flüssigkeit auf die Hälfte reduzieren lassen. Die Brühe und die Tomatenstücke dazugeben, mit Salz, Zucker und Cayennepfeffer sowie den Gewürzen aus der Mühle würzen.

3 Den Thymian in die Sauce geben und die Sauce knapp unter dem Siedepunkt 5 Minuten ziehen lassen. Dann den Thymian wieder entfernen. Ein Viertel der Sauce abnehmen, mit 3 EL Olivenöl und dem Knoblauch mit dem Stabmixer aufschlagen und wieder unter die restliche Sauce rühren. Nach Belieben noch etwas nachwürzen und in eine Auflaufform geben.

4 Den Backofen auf 100 °C vorheizen. Den Aal in 5 cm große Stücke schneiden, in die Sauce legen und im vorgeheizten Ofen 10 bis 15 Minuten in der Sauce garen. Mit der Petersilie bestreuen.

5 Für den Risotto die Zwiebel schälen und in kleine Würfel schneiden. Fenchel putzen, waschen und ebenfalls in kleine Würfel schneiden. Beides in einem breiten Topf im Olivenöl bei milder Hitze andünsten, den Reis dazugeben und unter Rühren glasig dünsten. Etwas heiße Brühe angießen und einkochen lassen. Unter häufigem Rühren immer wieder etwas Brühe angießen und bei milder Hitze einkochen lassen, bis die Reiskörner weich sind, aber noch Biss haben.

6 Nach 15 Minuten Knoblauch, Ingwer und Zitronenschale unter den Risotto rühren. Sobald der Reis gar ist, Knoblauch, Ingwer und Zitronenschale wieder entfernen. Den Risotto mit Salz und Cayennepfeffer würzen und Mascarpone, Thymian und Parmesan unterrühren. Den Risotto nach Belieben noch einmal mit Salz und Cayennepfeffer abschmecken.

7 Den Fenchelrisotto auf vorgewärmte Teller verteilen, in die Mitte eine Vertiefung drücken und den geschmorten Aal mit der Sauce darin anrichten.

Jakobsmuscheln in Limettenvinaigrette

20 frische Jakobsmuscheln
7 EL Olivenöl
1 TL Limettensaft
abgeriebene Schale von
1 unbehandelten Limette
Salz · Pfeffer aus der Mühle
½ rote Chilischote
150 g kleine Zucchini
¼ gelber Zucchino
60 g kleine weiße Champignons
50 g Rucola
1 EL Basilikum (geschnitten)
1 Knoblauchzehe
1 Rosmarinzweig

Für 4 Personen

1 Das Muschelfleisch aus den Schalen lösen. Das weiße Muschelfleisch von dem orangeroten lösen, waschen, trockentupfen und jeweils in 3 Scheiben schneiden.

2 5 EL Olivenöl, Limettensaft und -schale verrühren und mit Salz und Pfeffer würzen. Die Chilischote putzen, waschen, in feine Streifen schneiden und unter die Limettenvinaigrette mischen.

3 Die beiden Zucchinisorten putzen und waschen, die Champignons putzen. Das Gemüse in dünne Scheiben hobeln. Den Rucola putzen, waschen und trockenschütteln. Das Gemüse, den Rucola und das Basilikum mit der Vinaigrette vermischen.

4 Das restliche Olivenöl in einer Pfanne bei mittlerer Hitze erwärmen, salzen und den ungeschälten Knoblauch und den Rosmarin dazugeben. Jakobsmuscheln darin von beiden Seiten je etwa 30 Sekunden anbraten. Auf Küchenpapier abtropfen lassen und mit dem Salat anrichten.

Tintenfischragout mit Kartoffeln und grünen Bohnen

Für das Gemüse:

600 g fest kochende Kartoffeln

70 g grüne Bohnen

Salz

4 Tomaten

1 Lorbeerblatt

350 ml Gemüsebrühe

3 EL Olivenöl

Cayennepfeffer

frisch geriebene Muskatnuss

1 EL Bohnenkraut (gehackt)

Für das Ragout:

500 g Tintenfische

1 Knoblauchzehe

1 TL Öl

2 Streifen unbehandelte Zitronenschale

Salz · Pfeffer aus der Mühle

1 EL Olivenöl

1 EL Petersilie (gehackt)

Für 4 Personen

1 Für das Gemüse die Kartoffeln waschen, schälen und in 1 ½ cm große Würfel schneiden. Die Bohnen putzen, waschen und in Stücke schneiden. In Salzwasser blanchieren, in Eiswasser abschrecken und abtropfen lassen. Von den Tomaten den Stielansatz entfernen, die Tomaten kreuzweise einritzen und 20 Sekunden in kochendes Wasser tauchen. Kalt abschrecken, häuten, vierteln und entkernen, die Tomatenviertel halbieren.

2 Die Kartoffeln mit dem Lorbeerblatt in der Brühe knapp unter dem Siedepunkt etwa 30 Minuten weich garen. Das Lorbeerblatt wieder entfernen und ein Fünftel der Kartoffeln mit etwas Brühe herausnehmen. Mit dem Olivenöl in einen hohen Rührbecher füllen, mit dem Stabmixer pürieren und wieder zu den Kartoffeln geben.

3 Die Bohnen und die Tomaten ebenfalls zu den Kartoffeln in die Brühe geben. Mit Salz, Cayennepfeffer, Muskatnuss und Bohnenkraut würzen.

4 Für das Ragout Kopf und Arme der Tintenfische mit den Innereien aus dem Körperbeutel ziehen und das durchsichtige Fischbein entfernen. Den Kopf von den Tintenfischarmen abtrennen und darauf achten, dass dabei auch der harte »Schnabel« entfernt wird. Von den Körperbeuteln die braunviolette Haut abziehen, die Beutel längs aufschneiden und die restlichen Innereien entfernen. Die Tintenfischbeutel und -arme unter fließendem kaltem Wasser waschen und trockentupfen. Die Beutel in 3 cm große Stücke schneiden und die Arme zerkleinern.

5 Den Knoblauch schälen und halbieren. Das Öl in einer großen Pfanne erhitzen und die Tintenfische darin bei mittlerer Hitze 30 Sekunden anbraten. Wenden, den Knoblauch und die Zitronenschale dazugeben und die Tintenfische noch kurz ziehen lassen. Mit Salz und Pfeffer würzen und das Olivenöl untermischen. Knoblauch und Zitronenschale wieder entfernen und die Petersilie dazugeben.

6 Das Kartoffel-Bohnen-Gemüse auf vorgewärmte Teller verteilen und das Tintenfischragout darauf anrichten.

Meeresfrüchteragout mit Paprikapolenta

Für die Polenta:

je 2 gelbe und rote Paprikaschoten

Salz

¼ l Geflügelbrühe · ¼ l Milch

1 kleines Lorbeerblatt

70 g Maisgrieß

2 EL braune Butter (siehe Seite 12)

Pfeffer aus der Mühle

frisch geriebene Muskatnuss

Für das Ragout:

3 Schalotten

1 Stange Staudensellerie

1 TL Puderzucker

80 ml Weißwein

1 Lorbeerblatt

¼ l Gemüsebrühe

1 Knoblauchzehe

1 Streifen unbehandelte Zitronenschale

einige Safranfäden

Salz · Cayennepfeffer

1–2 EL Sambuca (ital. Anislikör)

200 g grüner Spargel

½ Zucchino

400 g Muscheln (z. B. Mies- oder Venusmuscheln)

300 g Tintenfische (küchenfertig)

3 EL Olivenöl

200 g Fischfilet (z. B. Knurrhahn oder Barsch; küchenfertig)

250 g Garnelen (küchenfertig)

1 EL Petersilie (gehackt)

Für 4 Personen

1 Für die Polenta die Paprika halbieren, entkernen und waschen. In Salzwasser 3 Minuten blanchieren, kalt abschrecken, abtropfen lassen und häuten. Rote Paprika in Stücke schneiden und beiseite legen, gelbe Paprika mit dem Stabmixer oder dem Blitzhacker pürieren.

2 Die Brühe mit der Milch und dem Lorbeerblatt aufkochen. Den Maisgrieß einrieseln und unter häufigem Rühren etwa 30 Minuten quellen lassen. Das Paprikapüree und die braune Butter unterrühren und die Polenta mit Salz, Pfeffer und Muskatnuss würzen.

3 Für das Ragout Schalotten schälen und in Scheiben schneiden. Staudensellerie putzen, waschen und schräg in Scheiben schneiden. Den Puderzucker in einem Topf bei milder Hitze hell karamellisieren lassen, Schalotten und Sellerie dazugeben und andünsten. Mit Wein ablöschen und auf die Hälfte reduzieren lassen. Das Lorbeerblatt und die Brühe dazugeben und 10 Minuten mehr ziehen als köcheln lassen. Ungeschälten Knoblauch, Zitronenschale und Safran hinzufügen und 5 Minuten darin ziehen lassen. Den Sud mit Salz, Cayennepfeffer und Sambuca abschmecken, Knoblauch und Zitronenschale entfernen.

4 Den Spargel waschen, im unteren Drittel schälen und die holzigen Enden entfernen. Den Spargel schräg in 3 cm lange Stücke schneiden. Den Zucchino putzen, waschen, längs halbieren und in Scheiben schneiden. Spargel und Zucchinischeiben getrennt in Salzwasser blanchieren, in Eiswasser abschrecken und abtropfen lassen.

5 Die Muscheln unter fließendem kaltem Wasser gründlich säubern, geöffnete Muscheln entfernen. Die Muscheln in ausreichend Salzwasser einige Minuten garen, bis sie sich öffnen. Muscheln in ein Sieb abgießen und das Fleisch auslösen, geschlossene Muscheln entfernen.

6 Die Tintenfischbeutel in 3 cm große Stücke schneiden, die Arme zerkleinern. Beides in 1 EL Olivenöl etwa 30 Sekunden anbraten, wenden, vom Herd nehmen und in der Resthitze noch 30 Sekunden ziehen lassen. Den Fisch in 2 cm große Würfel schneiden. Reichlich Salzwasser aufkochen und vom Herd nehmen. Die Fischwürfel und Garnelen in der Resthitze etwa 2 Minuten ziehen lassen und herausheben.

7 Meeresfrüchte, Fisch, Spargel, Zucchino und rote Paprika im Sud kurz erwärmen. Mit dem restlichen Olivenöl, Salz und Cayennepfeffer abschmecken und die Petersilie untermischen. Das Meeresfrüchteragout mit der Paprikapolenta auf vorgewärmten Tellern anrichten.

Rochen im Gemüsesud

Für den Sud:
¼ Fenchelknolle
½ kleine Möhre
½ kleiner Zucchino
250 g Cocktailtomaten
1 Knoblauchzehe
1,2 l Gemüsebrühe
50 ml Weißwein
einige Petersilienblätter
einige Basilikumblätter
einige Safranfäden
1 Streifen unbehandelte
Orangenschale
3 EL Olivenöl
Salz · Cayennepfeffer

Für den Rochen:
8 Rochenfilets (à ca. 70 g;
küchenfertig)
Salz · Pfeffer aus der Mühle
1–2 EL Öl

Zum Anrichten:
1 EL Petersilie (grob gehackt)

Für 4 Personen

1 Für den Sud den Fenchel putzen, waschen und quer in sehr feine Streifen hobeln. Die Möhre schälen, den Zucchino putzen und waschen. Beides in möglichst dünne Scheiben hobeln. Die Cocktailtomaten waschen und halbieren. Den Knoblauch schälen und halbieren.

2 In einem breiten, flachen Topf oder einem Bräter die Brühe und den Wein aufkochen. Fenchelstreifen und Möhrenscheiben darin knapp unter dem Siedepunkt wenige Minuten bissfest garen. Zucchinischeiben, Cocktailtomaten, Petersilie, Basilikum, Knoblauch, Safran, Orangenschale und Olivenöl hinzufügen und den Sud mit Salz und Cayennepfeffer würzen. Das Gemüse auf zwei flache Töpfe verteilen.

3 Für den Rochen die Fischfilets mit Salz und Pfeffer würzen und in einer Pfanne im Öl bei mittlerer Hitze von beiden Seiten anbraten. Die Rochenfilets in den Gemüsesud legen und darin knapp unter dem Siedepunkt etwa 3 Minuten ziehen lassen.

4 Zum Anrichten Kräuterblätter, Orangenschale und Knoblauch aus dem Sud entfernen. Den Sud mit dem Gemüse auf vorgewärmte Suppenteller verteilen, die Rochenfilets darauf setzen und mit der gehackten Petersilie bestreuen.

≫ *Die Rochenfilets werden aus den so genannten Flügeln, den stark vergrößerten Brustflossen, geschnitten. Der Rochen hat festes Fleisch mit einer charakteristischen Stäbchenstruktur und statt Gräten ein knorpeliges Skelett. Sein Geschmack erinnert an Krabbenfleisch.* ≪

Schwertfisch-Involtini mit Mascarpone-Oliven-Füllung

Für die Füllung:

je 20 g Rosinen und Pinienkerne

50 g grüne Oliven (entsteint)

80 g Weißbrot (vom Vortag)

1 Zwiebel · 1 EL Olivenöl

50 ml Weißwein

50 g Mascarpone

1 EL frisch geriebener Pecorino

1 EL Petersilie (gehackt)

Salz · Pfeffer aus der Mühle

frisch geriebene Muskatnuss

Für die Involtini:

8 dünne Scheiben Schwertfisch

(vom Mittelstück, à ca. 80 g;

küchenfertig)

Olivenöl zum Bestreichen

Salz · Pfeffer aus der Mühle · 1 EL Öl

Zum Fertigstellen:

600 g Spinatblätter

200 g eingelegte Cipolline

(kleine ital. Zwiebeln)

1 EL Balsamicoessig

50 ml Gemüsebrühe

1/2 Knoblauchzehe

1 EL Thymianblättchen

abgeriebene Schale von

1/2 unbehandelten Zitrone

Salz · Pfeffer aus der Mühle

frisch geriebene Muskatnuss

1 EL Butter

2 EL braune Butter (siehe Seite 12)

Für 4 Personen

1 Für die Füllung die Rosinen 30 Minuten in lauwarmem Wasser einweichen. In ein Sieb abgießen und abtropfen lassen. Die Pinienkerne in einer Pfanne ohne Fett goldgelb rösten. Die Oliven in Scheiben schneiden. Das Weißbrot in kleine Würfel schneiden und in einer Pfanne ohne Fett goldgelb rösten. Die Zwiebel schälen und in kleine Würfel schneiden.

2 Die Zwiebelwürfel in einer Pfanne im Olivenöl bei milder Hitze glasig dünsten, mit dem Wein ablöschen und auf die Hälfte reduzieren lassen. Die Pfanne vom Herd nehmen und den Mascarpone unterrühren. Rosinen, Pinienkerne, Olivenscheiben, Weißbrotwürfel, Pecorino und Petersilie untermischen. Die Mascarpone-Oliven-Füllung mit Salz, Pfeffer und Muskatnuss abschmecken.

3 Für die Involtini die Schwertfischscheiben längs halbieren und zwischen zwei Lagen geölter Frischhaltefolie mit der flachen Seite eines Schnitzelklopfers leicht flach klopfen.

4 Die Fischscheiben mit Salz und Pfeffer würzen. Die Füllung in der Mitte der Scheiben verteilen und die Seiten über der Füllung einschlagen. Die Fischscheiben zu kleinen Rouladen aufrollen.

5 Den Backofen auf 100 °C vorheizen. Das Öl in einer Pfanne erhitzen und die Involtini mit der Nahtseite nach unten hineinlegen. Bei milder Hitze von allen Seiten anbraten, auf einen ofenfesten Teller legen und im vorgeheizten Ofen 5 Minuten fertig garen.

6 Zum Fertigstellen den Spinat verlesen, waschen und abtropfen lassen, grobe Stiele entfernen. Die Cipolline vierteln. Den Essig in einer Pfanne etwas reduzieren lassen, die Brühe und den ungeschälten Knoblauch hinzufügen und aufkochen. Den Spinat, die Cipolline und den Thymian dazugeben und unter Rühren etwa 3 Minuten dünsten. Das Gemüse mit Zitronenschale, Salz, Pfeffer und Muskatnuss würzen. Butter und braune Butter untermischen.

7 Den Knoblauch wieder aus dem Spinatgemüse entfernen. Das Gemüse auf vorgewärmte Teller verteilen und die Schwertfisch-Involtini darauf anrichten.

Thunfischsteak auf Auberginen-Erbsen-Gemüse

Für das Gemüse:
1 Aubergine
4–5 EL Olivenöl
2 kleine weiße Zwiebeln
2 Stangen Staudensellerie
Salz

Für den Thunfisch:
4 Thunfischsteaks (à ca. 120 g;
küchenfertig)
Salz · Pfeffer aus der Mühle
1 EL Öl

Zum Fertigstellen:
400 ml Gemüsebrühe
80 ml Weißwein
1 TL Tomatenmark
½ Knoblauchzehe
200 g blanchierte Erbsen
(tiefgekühlt)
1 Streifen unbehandelte
Zitronenschale
je ½ TL Piment- und
schwarze Pfefferkörner
Salz · Cayennepfeffer
2 EL Olivenöl
je 1 EL Minze und Petersilie
(gehackt)

Für 4 Personen

1 Für das Gemüse die Aubergine putzen, waschen und quer in Scheiben schneiden. In einer Pfanne im Olivenöl bei mittlerer Hitze von beiden Seiten anbraten und auf Küchenpapier abtropfen lassen. Die Zwiebeln schälen, halbieren und in schmale Spalten schneiden. Den Staudensellerie putzen, waschen und schräg in ½ cm dicke Scheiben schneiden. Die Selleriescheiben in Salzwasser blanchieren, kalt abschrecken und auf einem Sieb abtropfen lassen.

2 Für den Thunfisch den Backofen auf 90 °C vorheizen. Die Thunfischsteaks mit Salz und Pfeffer würzen und in einer Pfanne im Öl bei mittlerer Hitze von beiden Seiten je 1 Minute anbraten. Auf ein Backblech legen und im vorgeheizten Ofen etwa 20 Minuten garen.

3 Zum Fertigstellen das Öl aus der Pfanne tupfen und die Zwiebeln in der Pfanne ohne Fett bei milder Hitze 1 bis 2 Minuten dünsten. Die Hälfte der Brühe angießen und vollständig reduzieren lassen. Den Wein mit dem Tomatenmark hinzufügen und ebenfalls bei milder Hitze fast vollständig reduzieren lassen. Die restliche Brühe angießen. Den Knoblauch schälen, mit Aubergine, Sellerie, Erbsen und Zitronenschale dazugeben und in der Brühe erwärmen.

4 Die Piment- und Pfefferkörner in eine Gewürzmühle füllen. Das Auberginen-Erbsen-Gemüse mit Salz, Cayennepfeffer und den Gewürzen aus der Mühle abschmecken. Knoblauch und Zitronenschale wieder entfernen, die Brühe abgießen und mit dem Olivenöl mixen. Die Brühe wieder zum Gemüse geben und, falls nötig, nochmals mit den Gewürzen abschmecken. Minze und Petersilie untermischen.

5 Das Auberginen-Erbsen-Gemüse auf vorgewärmte Teller verteilen und die Thunfischsteaks darauf anrichten.

≫Zum Verfeinern können Sie die Thunfischsteaks kurz vor dem Anrichten noch in Gewürzbutter wenden: Dafür in einer Pfanne etwas braune Butter erwärmen, 1 Scheibe Knoblauch, 1 Streifen unbehandelte Zitronenschale und je 1 Minze- und Petersilienstiel dazugeben, mit Salz und Pfeffer würzen und die gegarten Thunfischsteaks vorsichtig darin wenden. ≪

Offene Lasagne von Rotbarbe und Seeteufel

Für den Nudelteig:
160 g Mehl · 40 g Hartweizengrieß
1 Ei · 1 Eigelb · 2 EL Olivenöl
Salz · Mehl zum Ausrollen
einige schöne Kräuterblätter
Grieß zum Bestreuen

Für die Füllung:
500 g grüne Saubohnen
(in der Schale)
Salz
4 Rotbarbenfilets (à ca. 70 g;
küchenfertig, mit Haut)
Pfeffer aus der Mühle
12 fingerdicke Seeteufelmedaillons
(küchenfertig)
2 EL Öl

Für die Sauce:
1/8 l Gemüsebrühe
1 EL Mascarpone
1 Msp abgeriebene unbehandelte
Limettenschale
1 Scheibe Knoblauch
Salz · Cayennepfeffer

Zum Fertigstellen:
Salz
2 EL Olivenöl
Pfeffer aus der Mühle

Für 4 Personen

1 Für den Nudelteig Mehl, Hartweizengrieß, Ei, Eigelb, Olivenöl und 1 Prise Salz in der Küchenmaschine zu einem glatten, elastischen Teig verkneten. Den Teig in Frischhaltefolie wickeln und mindestens 30 Minuten kühl stellen.

2 Den Teig mit der Nudelmaschine oder dem Nudelholz zu dünnen Bahnen ausrollen, dabei mit etwas Mehl bestäuben. Die Hälfte der Teigbahnen mit etwas Wasser bestreichen, in gleichmäßigen Abständen mit den Kräuterblättern belegen und mit den restlichen Teigbahnen bedecken. Die Teigbahnen nochmals durch die Nudelmaschine laufen lassen, bis die gewünschte Dicke erreicht ist. Aus dem Teig 12 etwa 6 x 5 cm große Lasagneblätter schneiden und die Blätter bis zur Weiterverarbeitung auf einem mit Grieß bestreuten Tablett auslegen.

3 Für die Füllung die Bohnen aus der Schale palen und die Bohnenkerne aus der dicken Haut lösen. In Salzwasser blanchieren, kalt abschrecken und auf einem Sieb abtropfen lassen.

4 Die Rotbarbenfilets mit Salz und Pfeffer würzen. Auf der Hautseite mit den Seeteufelmedaillons in einer Pfanne im Öl bei milder Hitze 2 bis 3 Minuten braten, dabei einmal wenden. Vom Herd nehmen und den Fisch in der Resthitze fertig garen. Dann aus der Pfanne nehmen und warm halten.

5 Für die Sauce das Fett aus der Pfanne tupfen und die Brühe hineingeben. Mascarpone, Limettenschale und Knoblauch hinzufügen und 1 Minute köcheln lassen. Den Knoblauch wieder entfernen und die Sauce mit Salz und Cayennepfeffer abschmecken.

6 Zum Fertigstellen die Lasagneblätter in siedendem Salzwasser 2 Minuten ziehen lassen, mit einer Schaumkelle herausheben und abtropfen lassen. Die Bohnenkerne im Olivenöl erhitzen und mit Salz und Pfeffer würzen. Auf vier vorgewärmte Teller jeweils ein Nudelblatt legen. Je drei Seeteufelmedaillons und ein weiteres Nudelblatt darauf legen, die Rotbarbenfilets nach Belieben halbieren, darauf setzen und mit je einem Nudelblatt bedecken. Die Lasagne mit der Sauce beträufeln und mit den Bohnenkernen anrichten.

Rotbarbe auf Fenchelgemüse

Für das Gemüse:

2 Fenchelknollen (mit Grün)

200 g Cocktailtomaten

2 EL Olivenöl

100 ml Gemüsebrühe

Salz · Pfeffer aus der Mühle

Cayennepfeffer

1 Knoblauchzehe

1 Rosmarinzweig

Für die Rotbarbe:

4 mittelgroße Rotbarben

(à ca. 150 g; küchenfertig)

Salz · Pfeffer aus der Mühle

2 Knoblauchzehen

4 Streifen unbehandelte Zitronenschale

4 Rosmarinzweige

2 EL Olivenöl

Zum Fertigstellen:

2 EL Fenchelsamen

1 EL Olivenöl

Salz · Pfeffer aus der Mühle

Cayennepfeffer

Für 4 Personen

1 Für das Gemüse den Fenchel putzen, waschen und längs in etwa 3 mm dicke Scheiben schneiden. Das Fenchelgrün klein schneiden und beiseite legen. Die Cocktailtomaten waschen und halbieren.

2 Den Fenchel in einer ofenfesten Pfanne im Olivenöl bei milder Hitze von beiden Seiten anbraten. Die Cocktailtomaten hinzufügen, die Brühe angießen und mit Salz, Pfeffer und Cayennepfeffer würzen. Den Knoblauch schälen, halbieren und mit dem Rosmarin dazugeben. Das Gemüse in eine große Auflaufform füllen.

3 Für die Rotbarbe den Backofen auf 100 °C vorheizen. Die Rotbarben innen und außen waschen, trockentupfen und mit Salz und Pfeffer würzen. Den Knoblauch schälen und halbieren. Je ½ Knoblauchzehe, 1 Streifen Zitronenschale und 1 Rosmarinzweig in die Bauchhöhle der Fische geben.

4 Die Rotbarben in einer großen Pfanne im Olivenöl von beiden Seiten anbraten, auf das Gemüse legen und im vorgeheizten Ofen 15 bis 20 Minuten fertig garen.

5 Zum Fertigstellen die Fenchelsamen in einer Pfanne ohne Fett rösten, bis sie zu duften beginnen. Die Fenchelsamen abkühlen lassen und in eine Gewürzmühle füllen.

6 Die Rotbarben vom Gemüse nehmen, Knoblauch und Rosmarin aus dem Gemüse entfernen. Das Olivenöl und das Fenchelgrün untermischen und das Gemüse mit Salz, Pfeffer, Cayennepfeffer und frisch gemahlenen Fenchelsamen würzen.

7 Das Fenchelgemüse auf vorgewärmte Teller verteilen und die gegarten Rotbarben darauf anrichten.

» Die Fenchelscheiben sollten unbedingt bei milder Hitze angebraten werden. So bräunen sie nicht so schnell und schmecken mild und nussig. «

An der Gräte gebratene Seezunge auf Schalotten-Artischocken-Gemüse

Für das Gemüse:

300 g Schalotten

300 g Artischockenböden

(aus dem Glas)

4 Tomaten

3 EL Olivenöl

1 Lorbeerblatt

¼ l Gemüsebrühe

1 Knoblauchzehe

2 Thymianzweige

1 Streifen unbehandelte

Orangenschale

Salz · Pfeffer aus der Mühle

Cayennepfeffer

Pimentkörner aus der Mühle

Für die Seezunge:

2 Seezungen (à ca. 350 g;

küchenfertig)

Salz · Pfeffer aus der Mühle

2–3 EL Öl

2 EL Olivenöl

1 Knoblauchzehe

1 Thymianzweig

1 Streifen unbehandelte

Zitronenschale

1 EL Petersilie (gehackt)

Für 4 Personen

1 Für das Gemüse die Schalotten schälen und vierteln. Die Artischockenböden auf einem Sieb abtropfen lassen und ebenfalls vierteln. Von den Tomaten den Stielansatz entfernen, die Tomaten kreuzweise einritzen und 20 Sekunden in kochendes Wasser tauchen. Kalt abschrecken, häuten, vierteln und entkernen. Die Tomatenviertel halbieren.

2 Die Schalotten in einem Topf in 1 EL Olivenöl bei milder Hitze glasig dünsten. Das Lorbeerblatt hinzufügen, die Brühe angießen und zugedeckt knapp unter dem Siedepunkt 10 Minuten dünsten. Das Gemüse dazugeben und in der Brühe erwärmen. Die Brühe durch ein Sieb gießen, das restliche Olivenöl unterrühren und mit dem Gemüse wieder in den Topf geben. Den Knoblauch schälen, halbieren und mit dem Thymian und der Orangenschale dazugeben. Das Gemüse mit Salz, Pfeffer, Cayennepfeffer und Piment würzen. 5 Minuten ziehen lassen und Knoblauch, Thymian und Orangenschale wieder entfernen.

3 Für die Seezunge die Seezungen mit der Schwanzflosse 5 bis 10 Sekunden in kochendes Wasser tauchen, bis sich die Haut von der Gräte zu lösen beginnt. Die dicke Haut der Seezungen auf beiden Seiten abziehen, indem man die gelöste Haut an der Schwanzflosse mit einem Küchentuch nimmt und von der Schwanzflosse bis zum Kopf kräftig abzieht. Den äußeren Flossenkranz samt dem Kopf mit einer Küchenschere entlang der Filets abschneiden. Die Seezungen unter fließendem kaltem Wasser gründlich waschen, von Rückständen in der Bauchhöhle befreien und mit Küchenpapier trockentupfen.

4 Den Backofen auf 100 °C vorheizen und ein Backblech auf die mittlere Schiene im Ofen schieben. Jede Seezunge in vier Portionsstücke teilen und mit Salz und Pfeffer würzen. Die Seezungen von beiden Seiten in einer Pfanne im Öl bei mittlerer Hitze je etwa 1 Minute anbraten. Auf das Blech legen und im vorgeheizten Ofen 5 Minuten garen.

5 In einer Pfanne das Olivenöl mit dem ungeschälten Knoblauch, dem Thymian, der Zitronenschale und der Petersilie erwärmen, leicht mit Salz und Pfeffer würzen und die Seezungenstücke darin wenden. Das Schalotten-Artischocken-Gemüse auf vorgewärmte Teller verteilen und die Seezungenstücke darauf anrichten.

Wolfsbarsch in der Salzkruste auf Limettenspinat

Für den Wolfsbarsch:

1 Wolfsbarsch (ca. 1,2 kg; küchenfertig)

1 Scheibe unbehandelte Orange

2 Scheiben unbehandelte Limette

1–2 EL Fenchelsamen

1 kleines Lorbeerblatt

2 Scheiben Knoblauch

½ TL schwarze Pfefferkörner

2 Petersilienstiele

5 Eiweiß

1,5 kg grobes Meersalz

60 g Mehl

60 g Speisestärke

Olivenöl zum Bestreichen

Für den Limettenspinat:

500 g Spinatblätter · Salz

50 ml heiße Gemüsebrühe

1 Scheibe Knoblauch

1 EL Butter

abgeriebene Schale von 1 unbehandelten Limette

Cayennepfeffer

frisch geriebene Muskatnuss

Für 4 Personen

1 Für den Wolfsbarsch den Backofen auf 200 °C vorheizen. Den Wolfsbarsch innen und außen unter fließendem kaltem Wasser waschen, trockentupfen und die Flossen abschneiden. Die Orangenscheibe halbieren und mit den Limettenscheiben, den Fenchelsamen, dem Lorbeerblatt, dem Knoblauch, den Pfefferkörnern und der Petersilie in die Bauchhöhle geben.

2 Das Eiweiß leicht schaumig schlagen und mit Meersalz, Mehl und Speisestärke vermischen. Ein Backblech mit Backpapier auslegen und knapp die Hälfte der Salzmasse darauf streichen. Den Fisch auf beiden Seiten mit Olivenöl bestreichen, auf das Salzbett legen und mit der restlichen Salzmasse bedecken. Den Fisch im vorgeheizten Ofen etwa 40 Minuten garen.

3 Für den Limettenspinat den Spinat verlesen, waschen und abtropfen lassen, grobe Stiele entfernen. In Salzwasser etwa 15 Sekunden blanchieren, mit der Schaumkelle herausheben und mit der Brühe in eine Pfanne geben. Den Knoblauch und die Butter hinzufügen und den Spinat kurz garen. Mit Limettenschale, Salz, Cayennepfeffer und Muskatnuss würzen. Den Knoblauch wieder entfernen.

4 Zum Anrichten die Salzkruste aufklopfen und den Fisch filetieren. Die Wolfsbarschfilets mit dem Limettenspinat auf vorgewärmten Tellern anrichten. Nach Belieben mit abgeriebener unbehandelter Limettenschale und Fenchelsamen bestreuen.

» Die dichte, harte Salzkruste bewahrt den Eigengeschmack des Fisches auf besondere Weise. Diese Zubereitungsart lohnt sich auch bei anderen aromatischen Fischen wie Dorade oder Lachs. Dazu passt z. B. mariniertes Gemüse oder grünes Pesto (siehe Seite 89). «

Kabeljau mit Zitronenbröseln auf grünem Spargelgemüse

Für die Zitronenbrösel:

5 EL Olivenöl

3 EL Butter

80 g frisch geriebenes Weißbrot

1 Knoblauchzehe

1 eingelegtes Sardellenfilet

abgeriebene Schale von

½ unbehandelten Zitrone

1 Rosmarinzweig

Salz · Pfeffer aus der Mühle

Für das Gemüse:

½ Bund grüner Spargel (250 g)

Salz · 1 gelber Zucchino

100 g getrocknete Tomaten (in Öl)

Zum Fertigstellen:

2 EL Olivenöl

600 g Kabeljaufilet (küchenfertig)

Salz · Pfeffer aus der Mühle

160 ml Gemüsebrühe

1 Knoblauchzehe · 3 EL Butter

Cayennepfeffer

frisch geriebene Muskatnuss

1 EL Basilikum (gehackt)

Für 4 Personen

1 Für die Zitronenbrösel das Olivenöl und die Butter in einer Pfanne erhitzen. Das Weißbrot darin mit dem ungeschälten Knoblauch bei milder Hitze goldgelb rösten und vom Herd nehmen. Das Sardellenfilet auf Küchenpapier abtropfen lassen, fein hacken und mit der Zitronenschale unter die Brösel rühren. Den Rosmarin hinzufügen und die Brösel leicht mit Salz und Pfeffer würzen.

2 Für das Gemüse den Spargel waschen, im unteren Drittel schälen und die holzigen Enden entfernen. Den Spargel schräg in 4 cm lange Stücke schneiden. In Salzwasser blanchieren, in Eiswassser abschrecken und auf einem Sieb abtropfen lassen. Den Zucchino putzen, waschen, längs halbieren und in Scheiben schneiden. Die Tomaten trockentupfen und in 1 cm breite Streifen schneiden.

3 Zum Fertigstellen den Backofen auf 100 °C vorheizen. Einen großen ofenfesten Teller mit 1 EL Olivenöl bestreichen. Den Kabeljau in acht Stücke teilen, mit Salz und Pfeffer würzen und auf den Teller geben. Im vorgeheizten Ofen etwa 15 Minuten garen.

4 Den ungeschälten Knoblauch halbieren. Die Zucchinischeiben in einer Pfanne im restlichen Olivenöl bei mittlerer Hitze von beiden Seiten anbraten. Brühe, Knoblauch, Spargel und Tomaten hinzufügen, die Butter unterrühren und das Gemüse mit Salz, Pfeffer, Cayennepfeffer und Muskatnuss würzen. Das Basilikum unterrühren und den Knoblauch wieder entfernen.

5 Die Brösel nochmals erhitzen, dabei den Rosmarin entfernen. Das Spargelgemüse auf vorgewärmte Teller verteilen, den Kabeljau darauf anrichten und mit den Zitronenbröseln bestreuen.

≫ Kabeljau zerfällt beim Braten häufig, wenn er gewendet wird. Bei dieser Garmethode behält er seine Form sehr gut. Da er bei milder Hitze im Ofen gegart wird, sollte er sofort serviert werden. ≪

Dorade auf gebratenem Gemüse mit grünem Pesto

Für das Pesto:

100 g Spinatblätter

Salz

1 Bund Basilikum

1 Knoblauchzehe

1 TL Mandelblättchen

90 ml Olivenöl

1 TL frisch geriebener Parmesan

3 EL braune Butter (siehe Seite 12)

Pfeffer aus der Mühle

einige Tropfen Zitronensaft

Für das Gemüse:

je 1 rote und gelbe Paprikaschote

4 EL Olivenöl

1/2 Aubergine

1 mittelgroßer Zucchino

300 g Brokkoli · Salz

80 ml Gemüsebrühe

Pfeffer aus der Mühle

Für die Dorade:

4 Dorades royales

(in Portionsgröße; küchenfertig)

Salz · Pfeffer aus der Mühle

2 Knoblauchzehen

(geschält und halbiert)

4 Streifen unbehandelte Zitronenschale

4 Thymianzweige · 2 EL Öl

Für 4 Personen

1 Für das Pesto den Spinat verlesen, waschen und abtropfen lassen, grobe Stiele entfernen. In Salzwasser blanchieren, in Eiswasser abschrecken und auf einem Sieb abtropfen lassen. Den Spinat gut ausdrücken und klein schneiden. Die Basilikumblätter von den Stielen zupfen. Den Knoblauch schälen und in Scheiben schneiden. Die Mandelblättchen in einer Pfanne ohne Fett goldgelb rösten.

2 Knoblauch und Mandeln mit dem Olivenöl im Küchenmixer fein pürieren. Spinat, Basilikum, Parmesan und braune Butter hinzufügen. Mit Salz, Pfeffer und Zitronensaft würzen und zu einer nicht zu feinen Paste mixen.

3 Für das Gemüse den Backofengrill einschalten. Die Paprikaschoten vierteln, entkernen und waschen. Die Viertel mit der Hautseite nach oben auf ein Backblech legen, mit 1 EL Olivenöl bestreichen und unter dem Grill so lange garen, bis die Haut dunkle Blasen wirft. Die Paprika aus dem Ofen nehmen, etwas abkühlen lassen, häuten und in nicht zu kleine Stücke schneiden.

4 Aubergine und Zucchino putzen, waschen und quer in 3 mm dicke Scheiben schneiden. Getrennt im restlichen Olivenöl bei milder Hitze von beiden Seiten anbraten und auf Küchenpapier abtropfen lassen.

5 Brokkoli putzen, waschen und in Röschen teilen. Den Stiel schälen und in Scheiben schneiden. Beides getrennt in Salzwasser blanchieren, in Eiswasser abschrecken und auf einem Sieb abtropfen lassen. Den Brokkoli mit Auberginen- und Zucchinischeiben in der Brühe erhitzen, mit Salz und Pfeffer würzen und warm halten. Vor dem Servieren 2 EL Pesto unterrühren.

6 Für die Dorade den Backofen auf 100 °C vorheizen und ein Backblech auf die mittlere Schiene im Ofen schieben. Doraden innen und außen waschen, trockentupfen und die Haut auf beiden Seiten zwei- bis dreimal einritzen. Innen und außen mit Salz und Pfeffer würzen und jeweils 1/2 Knoblauchzehe, 1 Streifen Zitronenschale und 1 Thymianzweig in die Bauchhöhlen geben. Die Fische portionsweise in einer Pfanne im Öl bei mittlerer Hitze von beiden Seiten je knapp 2 Minuten anbraten. Auf das Blech legen und im vorgeheizten Ofen etwa 20 Minuten glasig garen. Mit Gemüse und restlichem Pesto anrichten.

Fleisch

Huhn aus dem Pfeffertopf

Für das Huhn:

1 Zwiebel

4 Hühnerkeulen · Salz

1 EL schwarze Pfefferkörner

3 cl ital. Weinbrand

(z. B. Vecchia Romagna)

100 ml Olivenöl

200 ml Weißwein

200 ml Geflügelbrühe

1 Rosmarinzweig

2 cm Zimtrinde

1 kleines Lorbeerblatt

2 Scheiben Knoblauch

1 Streifen unbehandelte

Zitronenschale

3 Pimentkörner

Für das Gemüse:

500 g kleine fest kochende

Kartoffeln · 5 EL Olivenöl

2–3 Knoblauchzehen

einige Thymianblättchen

grobes Meersalz · 1 rote Chilischote

400 g kleine Fenchelknollen · Salz

1 EL Butter

1 Streifen unbehandelte

Orangenschale

Cayennepfeffer

Fenchelsamen aus der Mühle

Für 4 Personen

1 Für das Huhn die Zwiebel schälen und in 1 cm große Würfel schneiden. Die Haut von den Hühnerkeulen abziehen und die Keulen salzen.

2 Die Pfefferkörner grob zerstoßen, in einem feinen Sieb den Staub absieben und den Pfefferschrot in einer Pfanne bei milder Hitze anrösten. Den Weinbrand hinzufügen und flambieren. 1 EL Olivenöl dazugeben und die Hühnerkeulen darin von beiden Seiten anbraten. Die Zwiebelwürfel hinzufügen und den Wein und die Brühe angießen. Rosmarin, Zimt, Lorbeerblatt, Knoblauch, Zitronenschale und Piment in die Pfanne geben und die Keulen zugedeckt knapp unter dem Siedepunkt 20 Minuten garen.

3 Die Keulen aus der Pfanne nehmen. Den Sud noch etwas reduzieren lassen und durch ein Sieb gießen. Das restliche Olivenöl mit dem Stabmixer unterrühren. Die Sauce mit Salz würzen, die Keulen wieder dazugeben und warm halten.

4 Für das Gemüse den Backofen auf 180 °C vorheizen. Die Kartoffeln schälen, waschen, halbieren, mit dem Olivenöl mischen und auf einem Backblech verteilen. Den ungeschälten Knoblauch andrücken und mit dem Thymian zu den Kartoffeln geben. Die Kartoffeln mit Meersalz bestreuen und im vorgeheizten Ofen etwa 30 Minuten garen. Die Chilischote längs halbieren, entkernen, waschen und quer in Streifen schneiden. Die Chilistreifen 5 Minuten vor Ende der Garzeit über die Kartoffeln streuen.

5 Die Fenchelknollen putzen, waschen und längs halbieren. In Salzwasser blanchieren, kalt abschrecken und auf einem Sieb abtropfen lassen. Die Butter in einer Pfanne bei milder Hitze schmelzen lassen und den Fenchel mit der Orangenschale darin erhitzen. Mit Salz und Cayennepfeffer würzen. Die Ofenkartoffeln hinzufügen und das Gemüse mit frisch gemahlenen Fenchelsamen würzen. Die Orangenschale wieder entfernen.

6 Die Hähnchenkeulen mit dem Kartoffel-Fenchel-Gemüse und der Sauce auf vorgewärmten Tellern anrichten.

≫ Das Flambieren fördert den Röstvorgang des Pfeffers auf raffinierte Art. Vorsicht: Das Öl erst in die Pfanne gießen, wenn die Flammen erloschen sind! ≪

Gebratene Geflügelbrust auf Pesto-Risotto

Für die Geflügelbrust:

4 Geflügelbrüste (à ca. 150 g;
küchenfertig, mit Haut)
12 schöne Kräuterblätter
(z. B. Petersilie oder Basilikum)
Salz · Pfeffer aus der Mühle
2 EL Öl

Für den Risotto:

1 Zwiebel
2 EL Olivenöl
300 g Risottoreis (z. B. Arborio
oder Vialone nano)
1 kleines Lorbeerblatt
80 ml Weißwein
ca. 3/4 l heiße Geflügelbrühe
1/2 Knoblauchzehe (geschält)
1 Scheibe Ingwer
1 Streifen unbehandelte
Zitronenschale
Salz · Cayennepfeffer
frisch geriebene Muskatnuss
3 EL Pesto (siehe Rezept Seite 46)
2 EL frisch geriebener Parmesan

Für 4 Personen

1 Für die Geflügelbrust den Backofen auf 100 °C vorheizen, ein Ofengitter auf die mittlere Schiene und darunter ein Abtropfblech schieben.

2 Von den Geflügelbrüsten die Haut auf einer Seite anheben, die Kräuterblätter darunter schieben und die Haut straff darüber ziehen. Die Geflügelbrüste mit Salz und Pfeffer würzen und auf der Hautseite in einer Pfanne im Öl bei milder Hitze 5 bis 6 Minuten kross anbraten. Die Pfanne vom Herd nehmen, die Geflügelbrüste wenden, noch kurz in der Resthitze ziehen lassen und dann auf dem Gitter im vorgeheizten Ofen 15 bis 20 Minuten fertig garen.

3 Für den Risotto die Zwiebel schälen und in kleine Würfel schneiden. In einem Topf im Olivenöl bei mittlerer Hitze glasig dünsten. Den Reis hinzufügen und ebenfalls glasig dünsten. Das Lorbeerblatt dazugeben, mit Wein ablöschen und vollständig einkochen lassen. Etwas heiße Brühe angießen und ebenfalls einkochen lassen. Unter ständigem Rühren immer wieder etwas Brühe angießen und bei milder Hitze reduzieren lassen, bis die Reiskörner weich sind, aber noch Biss haben.

4 Nach 10 Minuten Knoblauch, Ingwer und Zitronenschale zum Risotto geben. Sobald der Reis gar ist, Knoblauch, Ingwer und Zitronenschale wieder entfernen. Den Risotto mit Salz, Cayennepfeffer und Muskatnuss würzen, das Pesto und den Parmesan untermischen.

5 Den Pesto-Risotto auf vorgewärmte Teller verteilen. Die Geflügelbrüste in Scheiben schneiden und daneben anrichten.

≫Den Risotto sollten Sie wirklich nur bei milder Hitze garen, damit die Flüssigkeit zwar nach und nach von den Reiskörnern aufgenommen wird, aber nicht zu stark verdampft und der Geschmack dadurch zu intensiv wird.
Pesto und Parmesan erst am Ende der Garzeit dazugeben und den Risotto nicht mehr kochen lassen. So bleibt das Pesto schön grün und der Parmesan klumpt nicht. ≪

Zitronenhähnchen

Für das Hähnchen:

1 Masthähnchen (1,8 – 2 kg;
küchenfertig)
Salz · Pfeffer aus der Mühle
1 Knoblauchzehe
1 Rosmarinzweig
1 Streifen unbehandelte
Zitronenschale
200 ml Geflügelbrühe
3 EL Olivenöl · Saft von ¹/₂ Zitrone
1 Lorbeerblatt

Für das Gewürzöl:

¹/₂ rote Chilischote
1 Knoblauchzehe · 5 EL Olivenöl
1 EL Rosmarin (gehackt)
Saft von ¹/₂ Zitrone
abgeriebene Schale von
1 unbehandelten Zitrone
Salz · Pfeffer aus der Mühle

Für 4 Personen

1 Für das Hähnchen den Backofen auf 160 °C vorheizen. Das Hähnchen innen und außen waschen, trockentupfen und mit Salz und Pfeffer würzen. Den Knoblauch schälen und halbieren. Mit dem Rosmarin und der Zitronenschale in die Bauchhöhle des Hähnchens geben.

2 Die Brühe mit dem Olivenöl und dem Zitronensaft in einen Bräter geben und das Lorbeerblatt hinzufügen. Das Hähnchen darauf setzen und mit etwas Brühe begießen. Im vorgeheizten Ofen auf der unteren Schiene etwa 2 Stunden garen, dabei gelegentlich mit dem Bratfond begießen.

3 Für das Gewürzöl die Chilischote waschen, entkernen und klein hacken. Den Knoblauch schälen und in kleine Würfel schneiden. Das Olivenöl mit Chilischote, Knoblauch, Rosmarin, Zitronensaft und -schale vermischen und mit Salz und Pfeffer würzen.

4 Die Ofentemperatur auf 200 °C erhöhen und das Hähnchen weitere 15 bis 20 Minuten garen. 10 Minuten vor Ende der Garzeit das Hähnchen mit dem Gewürzöl bestreichen.

5 Das Hähnchen tranchieren, auf vorgewärmten Tellern anrichten und mit dem restlichen Gewürzöl beträufeln.

≫ Damit das Hähnchen einen noch kräftigeren Zitronengeschmack bekommt, kann man es unter der Haut mit Zitronenöl bestreichen: Dafür 2 bis 3 EL Olivenöl mit etwas abgeriebener unbehandelter Zitronenschale, Salz und Pfeffer verrühren. Mithilfe eines Esslöffelstiels die Brusthaut vom Hals her vom Fleisch lösen. Das Zitronenöl auf das Brustfleisch streichen, die Haut straff darüber ziehen und das Hähnchen wie oben beschrieben weiterverarbeiten.
Zu dem Zitronenhähnchen schmeckt ein gemischter Salat, gedämpftes Gemüse oder Rosmarinkartoffeln. ≪

Entenragout mit Orangen-Gnocchi

Für die Gnocchi:

700 g mehlig kochende Kartoffeln
Salz · 50 g Speisestärke · 2 Eigelb
abgeriebene Schale von
2 unbehandelten Orangen
Mehl zum Ausrollen
Öl zum Bestreichen

Für das Ragout:

½ Zwiebel · 1 Apfel
5 Petersilienstiele (grob zerkleinert)
2 Thymianzweige (grob zerkleinert)
1 Bauernente
(ca. 2,5 kg; küchenfertig)
Salz · Pfeffer aus der Mühle
¼ l Gemüsebrühe · 2 Zwiebeln
100 g Knollensellerie · 1 Möhre
3 TL Puderzucker · 120 ml Rotwein
100 ml Marsala (ital. Dessertwein)
1 EL Tomatenmark
¾ l Geflügelbrühe
je 2 Scheiben Knoblauch
und Ingwer
1 Streifen unbehandelte
Orangenschale
1 TL Speisestärke
1 reifer, fester Pfirsich (in Würfeln)

Zum Fertigstellen:

70 ml Gemüsebrühe
1 EL braune Butter (siehe Seite 12)
1 Streifen unbehandelte
Orangenschale
2 cm Zimtrinde · 5 Salbeiblätter
Salz · Pfeffer aus der Mühle

Für 4 Personen

1 Für die Gnocchi die Kartoffeln schälen, waschen und in Salzwasser weich kochen. Abgießen und noch heiß durch die Kartoffelpresse drücken. Von der Masse 600 g abmessen und mit der Speisestärke, 1 Prise Salz, dem Eigelb und der Orangenschale rasch zu einem glatten Teig verkneten. Mit etwas Mehl zu 2 cm breiten Rollen formen und in 1 bis 2 cm lange Stücke schneiden. Die Gnocchi in siedendem Salzwasser garen, bis sie nach oben steigen, und weitere 2 Minuten ziehen lassen. Herausheben und auf einem geölten Tablett abkühlen lassen.

2 Für das Ragout den Backofen auf 150 °C vorheizen. Die Zwiebel schälen, den Apfel waschen, halbieren und entkernen. Zwiebel und eine Apfelhälfte in kleine Würfel, die andere Apfelhälfte in Scheiben schneiden und beiseite legen. Zwiebel- und Apfelwürfel mit Petersilie und Thymian mischen. Die Ente innen und außen waschen, trockentupfen und mit Salz und Pfeffer würzen. Mit der Zwiebelmischung füllen und verschließen. In einen Bräter setzen, die Gemüsebrühe angießen und die Ente im vorgeheizten Ofen zugedeckt etwa 2 ½ Stunden braten. Austretendes Fett zwischendurch abschöpfen und aufheben. Falls zu viel Flüssigkeit verdampft, noch Wasser angießen.

3 Das Gemüse schälen und in 1 bis 2 cm große Würfel schneiden. Von der gegarten Ente Brüste und Keulen entlang der Karkasse auslösen und aus den Keulen den Oberschenkelknochen entfernen. Die Füllung aus der Bauchhöhle entfernen. Die Entenkarkasse mit den Flügelknochen und dem Hals klein hacken. Vom Entenfleisch die Haut abziehen und das Fleisch in etwa 1 cm große Würfel schneiden.

4 In einem breiten Topf 2 TL Puderzucker hell karamellisieren lassen. Weine angießen, Tomatenmark unterrühren und auf die Hälfte reduzieren lassen. Knochen und Gemüse hinzufügen, Geflügelbrühe angießen und bei milder Hitze 1 Stunde köcheln lassen. Nach 50 Minuten Apfelscheiben, Knoblauch, Ingwer und Orangenschale dazugeben.

5 Nach Garzeitende die Sauce durch ein Sieb gießen und auf die Hälfte reduzieren lassen. Die angerührte Stärke dazugeben und noch 2 Minuten köcheln lassen. Restlichen Puderzucker hell karamellisieren lassen, den Pfirsich darin andünsten. Mit dem Fleisch zur Sauce geben.

6 Zum Fertigstellen Brühe mit Butter, Orangenschale, Zimt und Salbei erhitzen und die Gnocchi darin erwärmen. Salzen, pfeffern, Orangenschale, Zimt und Salbei entfernen. Entenragout mit Gnocchi anrichten.

Gebratenes Perlhuhn in Proseccosauce

1 Perlhuhn (küchenfertig)
Salz · Pfeffer aus der Mühle
2 Knoblauchzehen
2 Rosmarinzweige · 1 große Zwiebel
500 g fest kochende Kartoffeln
2 EL Olivenöl · grobes Meersalz
100 ml Prosecco
150 ml Geflügelbrühe
50 g flüssige Butter · 1 Lorbeerblatt
1 Streifen unbehandelte
Zitronenschale
1 rote Chilischote
500 g Brokkoliröschen (geputzt)
250 g Cocktailtomaten

Für 4 Personen

1 Den Ofen auf 160 °C vorheizen. Das Huhn innen und außen waschen, trockentupfen und mit Salz und Pfeffer würzen. 1 ungeschälte Knoblauchzehe und 1 Rosmarinzweig in die Bauchhöhle geben.

2 Zwiebel und Kartoffeln schälen. Zwiebel in Scheiben schneiden, Kartoffeln vierteln. In 1 EL Öl anbraten, in einem Bräter verteilen, mit Meersalz würzen, Prosecco und Brühe angießen. Huhn darauf setzen.

3 Das Perlhuhn 1 ½ Stunden im vorgeheizten Ofen garen, dabei immer wieder mit flüssiger Butter bestreichen. Lorbeerblatt, Zitronenschale, Chili, restlichen Rosmarin und ungeschälten Knoblauch hinzufügen und das Perlhuhn bei 200 °C weitere 20 Minuten garen.

4 Brokkoli in Salzwasser blanchieren, in Eiswasser abschrecken und abtropfen lassen. Tomaten waschen und vierteln. Brokkoli im restlichen Öl andünsten. Tomaten hinzufügen, salzen und pfeffern. Das Perlhuhn zerteilen und mit Gemüse, Kartoffeln und Sauce anrichten.

Gefüllte Kalbsoliven mit Kartoffel-Spinat-Püree

Für die Füllung:

1 Zwiebel · 1 EL Öl
1 EL Pimentkörner
1 EL schwarze Pfefferkörner
2 cm Zimtrinde · 1 Lorbeerblatt
500 g Mozzarella
100 g scharfe italienische Salami
60 g getrocknete Tomaten (in Öl)
2 TL eingelegte Kapern
je 20 g schwarze und grüne Oliven
1 EL Pinienkerne
1 EL Thymian (gehackt) · Salz

Für die Kalbsoliven:

1 kleine Zwiebel · 5 reife Tomaten
500 g Kalbslende (küchenfertig)
Öl zum Bestreichen
Salz · Pfeffer aus der Mühle
3 EL Öl · 1 TL Tomatenmark
4 cl Vin Santo (ital. Dessertwein)
80 ml Rotwein
¼ l Geflügelbrühe · 2 Salbeiblätter

Für das Püree:

1 kg Kartoffeln · 1,3 l Gemüsebrühe
1 Knoblauchzehe · 1 rote Chilischote
1 kleines Lorbeerblatt
¼ l heiße Milch · 3 EL Butter · Salz
frisch geriebene Muskatnuss
120 g Spinatblätter
½ kleine Zwiebel (in Würfeln)
1 EL Olivenöl · 1 EL kalte Butter
Cayennepfeffer

Für 4 Personen

1 Für die Füllung die Zwiebel schälen und in kleine Würfel schneiden. In einer Pfanne im Öl bei milder Hitze glasig dünsten und vom Herd nehmen. Piment, Pfefferkörner, die zerstoßene Zimtrinde und das zerbröselte Lorbeerblatt in eine Gewürzmühle füllen.

2 Den Mozzarella in kleine Würfel schneiden. Salami und abgetropfte Tomaten klein schneiden. Die Kapern klein hacken, die Oliven halbieren, entsteinen und in Streifen schneiden. Die Pinienkerne in einer Pfanne ohne Fett rösten, abkühlen lassen und hacken. Zwiebel, Mozzarella, Salami, Tomaten, Kapern, Oliven, Pinienkerne und Thymian vermischen, mit Salz und den Gewürzen aus der Mühle würzen.

3 Für die Kalbsoliven die Zwiebel schälen und in ½ cm große Würfel schneiden. Die Tomaten waschen und den Stielansatz entfernen. Die Tomaten in ½ bis 1 cm große Würfel schneiden.

4 Die Kalbslende in 20 sehr dünne Scheiben schneiden, zwischen zwei Lagen geölter Frischhaltefolie dünn klopfen, leicht mit Salz und Pfeffer würzen. Die Füllung darauf verteilen, die Scheiben zu kleinen olivenförmigen Rouladen aufrollen und feststecken.

5 Die Zwiebelwürfel in einer tiefen Pfanne in 1 EL Öl bei mittlerer Hitze glasig dünsten, das Tomatenmark unterrühren und kurz mitdünsten. Mit den Weinen ablöschen und die Brühe angießen. Die Flüssigkeit etwas reduzieren lassen, Tomaten und Salbei hinzufügen und mit den Gewürzen aus der Mühle würzen.

6 Die Rouladen in einer Pfanne im restlichen Öl bei mittlerer Hitze von allen Seiten anbraten, dabei zuerst auf die Nahtseite legen. Dann in der Sauce zugedeckt 5 bis 8 Minuten schmoren.

7 Für das Püree die Kartoffeln schälen und in der Brühe mit Knoblauch, Chilischote und Lorbeerblatt weich köcheln. Abgießen, durch die Kartoffelpresse drücken und nach und nach die Milch unterrühren. Die Butter hinzufügen und das Püree mit Salz und Muskatnuss würzen.

8 Spinat verlesen, waschen und abtropfen lassen, grobe Stiele entfernen. Zwiebel im Olivenöl bei milder Hitze glasig dünsten. Spinat kurz mitdünsten, die kalte Butter unterrühren. Mit Salz und Cayennepfeffer würzen und unter das Püree ziehen. Mit den Kalbsoliven anrichten.

Warm marinierte Kalbszunge mit Estragon und Croûtons

Für die Kalbszunge:

Salz · 1 kleine Zwiebel

1 Lorbeerblatt · 3 Nelken

1 Kalbszunge (küchenfertig)

Für die Croûtons:

4 Scheiben Toastbrot

5 EL Olivenöl

1 Knoblauchzehe

Für die Marinade:

1 Zitrone · 1 Knoblauchzehe

60 g Kapernäpfel · 2 TL Puderzucker

50 ml Weißweinessig

100 ml Weißwein

1 TL schwarze Pfefferkörner

300 ml Geflügelbrühe

abgeriebene Schale von

1/2 unbehandelten Zitrone

1 TL Estragon (gehackt)

1 El Petersilie (gehackt)

6 EL Olivenöl

Salz · Pfeffer aus der Mühle

Cayennepfeffer

Für 4 Personen

1 Für die Kalbszunge in einem Topf Salzwasser zum Kochen bringen. Die Zwiebel mit dem Lorbeerblatt und den Nelken spicken und in das Salzwasser legen. Die Kalbszunge dazugeben und knapp unter dem Siedepunkt 3 bis 4 Stunden weich ziehen lassen. Kalt abschrecken, häuten und in 1/2 cm dicke Scheiben schneiden.

2 Für die Croûtons das Toastbrot entrinden, mit einem scharfen Messer einmal quer halbieren und in möglichst kleine Würfel schneiden. Das Olivenöl mit dem ungeschälten Knoblauch in einer Pfanne bei mittlerer Hitze erwärmen und die Brotwürfel darin goldbraun braten. Auf Küchenpapier abtropfen lassen.

3 Für die Marinade die Zitrone mit einem scharfen Messer so schälen, dass auch die weiße Haut mit entfernt wird. Die Filets zuerst aus den Trennhäuten und dann in kleine Stücke schneiden. Den Knoblauch schälen und ebenso wie die Kapernäpfel in Scheiben schneiden.

4 Den Puderzucker in einem Topf bei milder Hitze hell karamellisieren lassen. Mit Essig und Wein ablöschen, die Pfefferkörner dazugeben und auf ein Drittel reduzieren lassen. Die Brühe angießen und Knoblauch, Zitronenschale und -filets, Estragon und Petersilie hinzufügen. Das Olivenöl untermischen und die Kapernäpfel dazugeben. Die Marinade mit Salz, Pfeffer und Cayennepfeffer würzen und den Knoblauch wieder entfernen.

5 Die Kalbszungenscheiben auf einer vorgewärmten Platte anrichten, mit der warmen Marinade beträufeln und mit den Croûtons bestreuen.

» Damit die Brotwürfel beim Braten nicht so viel Fett aufnehmen, ist es wichtig, dass sie ganz kross gebraten werden. Dann weichen die Croûtons auch nicht so schnell auf, wenn sie mit der Marinade in Berührung kommen. Der Knoblauch wird ungeschält angebraten: So verleiht er den Croûtons ein feines Aroma, verbrennt aber nicht während des Bratens. «

Kalbskotelett milanese

4 dünne Kalbskoteletts
(à max. 250 g; küchenfertig)
Öl zum Bestreichen · 2 Eier
Salz · Pfeffer aus der Mühle
100 g doppelgriffiges Mehl
100 g frisch geriebenes Weißbrot
Öl zum Ausbacken · 2 EL Butter
etwas Zitronensaft zum Beträufeln

Für 4 Personen

1 Die Kalbskoteletts zwischen zwei Lagen geölter Frischhaltefolie etwa $1/2$ cm dick klopfen.

2 Die Eier in einem tiefen Teller verquirlen und mit Salz und Pfeffer würzen. Mehl und Weißbrotbrösel ebenfalls in tiefe Teller geben. Das Fleisch mit Salz und Pfeffer würzen. Zuerst im Mehl, dann in den Eiern und zuletzt in den Weißbrotbröseln wenden.

3 In einer Pfanne bei milder Hitze reichlich Öl erwärmen. Die Koteletts darin zuerst auf einer Seite goldbraun ausbacken, wenden und ebenfalls goldbraun ausbacken. Zum Schluss die Butter in die Pfanne geben, darin schmelzen lassen und die Kalbskoteletts damit beträufeln. Herausnehmen, auf Küchenpapier abtropfen lassen und zum Servieren mit Zitronensaft beträufeln.

Kalbsleber venezianische Art

500 g weiße Zwiebeln
700 g Kalbsleber (küchenfertig)
1 EL Olivenöl
3 EL Butter
2 cl Marsala (ital. Dessertwein)
80 ml Geflügelbrühe
Salz · Pfeffer aus der Mühle
1 EL Petersilie (gehackt)
1–2 EL Öl
1 Lorbeerblatt

Für 4 Personen

1 Die Zwiebeln schälen, halbieren und in dünne Streifen schneiden. Die Leber zuerst in dünne Scheiben, dann quer in Streifen schneiden.

2 Das Olivenöl und die Butter in einer Pfanne erhitzen und die Zwiebeln darin bei milder Hitze goldgelb braten. Mit Marsala ablöschen und die Brühe angießen. Mit Salz und Pfeffer würzen und die Petersilie untermischen.

3 Das Öl in einer Pfanne bei milder Hitze erwärmen. Das Lorbeerblatt dazugeben und die Leber darin portionsweise von beiden Seiten je etwa 2 Minuten anbraten und mit Salz und Pfeffer würzen. Die Leber mit den Zwiebeln mischen und auf vorgewärmten Tellern anrichten.

Geschmorte Kalbshaxenscheiben

Für die Haxenscheiben:

1 Zwiebel

1 mittelgroße Möhre

150 g Knollensellerie

4 Scheiben Kalbshaxe
(jeweils 3–4 cm dick,
ca. 1,5 kg; küchenfertig)

Salz · Pfeffer aus der Mühle

2 EL Olivenöl

1/8 l Rotwein

1 EL Tomatenmark

400 ml Geflügelbrühe

1 Knoblauchzehe

1 Lorbeerblatt

1 Rosmarinzweig

2 Streifen unbehandelte
Zitronenschale

Für den Spargel:

400 g grüner Spargel

1 EL Olivenöl

1/8 l Gemüsebrühe

1 Msp abgeriebene unbehandelte
Orangenschale

1 EL Butter

Salz · Pfeffer aus der Mühle

Cayennepfeffer

10 Cocktailtomaten

2 EL Petersilie (grob gehackt)

Für 4 Personen

1 Für die Haxenscheiben Zwiebel, Möhre und Knollensellerie schälen und in kleine Würfel schneiden. Die Fleischscheiben mit Salz und Pfeffer würzen. In einem breiten Topf im Olivenöl bei mittlerer Hitze von beiden Seiten anbraten und aus dem Topf nehmen. Die Gemüsewürfel im Topf bei milder Hitze andünsten. Mit dem Wein ablöschen und sirupartig reduzieren lassen. Das Tomatenmark unterrühren, die Brühe angießen und das Fleisch auf das Gemüse legen.

2 Die Kalbshaxenscheiben zugedeckt bei milder Hitze 1 1/4 bis 1 1/2 Stunden schmoren, bis das Fleisch weich ist. Dabei ein- bis zweimal wenden. Den ungeschälten Knoblauch halbieren und 10 Minuten vor Ende der Garzeit mit dem Lorbeerblatt, dem Rosmarin und der Zitronenschale hinzufügen.

3 Die Fleischscheiben aus der Sauce nehmen und Knoblauch, Lorbeerblatt, Rosmarin und Zitronenschale wieder entfernen. Die Sauce durch ein Sieb passieren, falls nötig, noch etwas reduzieren lassen und mit Salz und Pfeffer abschmecken.

4 Für den Spargel den grünen Spargel waschen, im unteren Drittel schälen und die holzigen Enden entfernen. Den Spargel längs halbieren und schräg in 3 bis 4 cm lange Stücke schneiden.

5 Das Olivenöl in einer Pfanne erhitzen und den Spargel darin bei milder Hitze anbraten. Die Brühe angießen und den Spargel etwa 4 Minuten garen. Die Orangenschale mit der Butter dazugeben und den Spargel mit Salz, Pfeffer und Cayennepfeffer abschmecken. Die Cocktailtomaten waschen, halbieren oder vierteln und mit der Petersilie zum Spargelgemüse geben.

6 Die Kalbshaxenscheiben mit reichlich Sauce und dem Spargelgemüse auf vorgewärmten Tellern anrichten.

» Das Besondere an den Kalbshaxenscheiben ist, dass beim Braten und Schmoren das Mark aus dem Knochen die Sauce würzt. Bestellen Sie die Kalbshaxenscheiben am besten bei Ihrem Metzger vor. «

Rinderkotelett mit gebratenem Gemüse

Für das Kotelett:

250 g Cocktailtomaten

6 Rosmarinzweige

4 Knoblauchzehen
(geschält und halbiert)

3 EL Olivenöl

2 T-Bone-Steaks
(à ca. 700 g, gut abgehangen;
küchenfertig; ersatzweise
Roastbeef)

Salz · Pfeffer aus der Mühle

2 EL Öl

2 TL Puderzucker

200 ml Rotwein

Für das Gemüse:

je 1 rote und gelbe Paprikaschote

1 Zucchino · ½ Aubergine

3 EL Olivenöl

3 Thymianzweige

1 Knoblauchzehe
(geschält und halbiert)

1 Streifen unbehandelte
Zitronenschale

Salz · Cayennepfeffer

Zum Fertigstellen:

4 EL kalte Butter

Für 4 Personen

1 Für das Kotelett den Backofen auf 100 °C vorheizen. Die Cocktailtomaten waschen, halbieren und mit dem Rosmarin und dem Knoblauch auf einem Backblech verteilen. Mit dem Olivenöl beträufeln.

2 Das Rindfleisch mit Salz und Pfeffer würzen. Eine große Pfanne bei milder Hitze erwärmen, das Öl hineingeben und das Fleisch darin von beiden Seiten anbraten. Dann auf die Cocktailtomaten legen und 30 bis 40 Minuten im vorgeheizten Ofen braten.

3 Den Puderzucker in die Pfanne stäuben und hell karamellisieren lassen. Mit dem Wein ablöschen, auf ein Drittel reduzieren lassen und beiseite stellen.

4 Für das Gemüse die Paprikaschoten längs halbieren, entkernen und waschen. Die Hälften in Rauten schneiden. Den Zucchino putzen, waschen, längs halbieren und quer in dünne Scheiben schneiden. Die Aubergine putzen, waschen und in Rauten schneiden.

5 Die Paprika im Olivenöl anbraten, den Zucchino und die Aubergine hinzufügen und ebenfalls anbraten. Thymian, Knoblauch und Zitronenschale zum Gemüse geben, mit Salz und Cayennepfeffer würzen und einige Minuten weiterbraten. Thymian, Knoblauch und Zitronenschale wieder entfernen.

6 Zum Fertigstellen Bratensaft, Knoblauch, Rosmarin und die Cocktailtomaten vom Backblech in die Rotweinsauce geben und erhitzen. Die Butter darin schmelzen lassen. Das Paprikagemüse mit den Cocktailtomaten und der Sauce mischen, den Rosmarin wieder entfernen.

7 Das Gemüse auf vorgewärmte Teller verteilen. Das Fleisch in dünne Scheiben schneiden und auf dem Gemüse anrichten.

» Das T-Bone-Steak ist ein etwa 700 g schweres Steak mit Filetanteil und T-förmigem Knochen. Es wird aus der vorderen Hälfte des Roastbeefs geschnitten und ist gut durchwachsen und marmoriert. «

Rinderschmorbraten in Barolo

250 g Schalotten
1 Möhre
2 Stangen Staudensellerie
2 EL Öl
1,2 kg Rinderschulter
(küchenfertig)
1–2 TL Puderzucker
300 ml Barolo (ital. Rotwein
aus dem Piemont)
2 EL Tomatenmark
1 l Geflügelbrühe
3 Wacholderbeeren
1 TL schwarze Pfefferkörner
5 Pimentkörner
1 EL getrocknete Steinpilze
1 Knoblauchzehe
je 1 Streifen unbehandelte
Orangen- und Zitronenschale
Salz · ½ TL getrockneter Oregano

Für 4 Personen

1 Die Schalotten und die Möhre schälen, den Staudensellerie putzen und waschen. Alles in Scheiben schneiden.

2 Das Öl in einem Schmortopf erhitzen, das Rindfleisch darin bei mittlerer Hitze von allen Seiten anbraten und wieder herausnehmen. Den Puderzucker auf den Bratensatz stäuben und hell karamellisieren lassen. Mit der Hälfte des Weins ablöschen und auf ein Drittel reduzieren lassen. Den restlichen Wein angießen, das Tomatenmark unterrühren und sämig reduzieren lassen.

3 Das Gemüse zur Sauce geben, die Brühe angießen und das Fleisch auf das Gemüse setzen. Zugedeckt knapp unter dem Siedepunkt etwa 3 Stunden weich schmoren, dabei den Deckel so auflegen, dass ein Spalt offen bleibt. Das Fleisch mehrmals wenden.

4 Wacholderbeeren, Pfefferkörner, Piment und getrocknete Pilze in ein Gewürzsäckchen binden und 30 Minuten vor Ende der Garzeit zum Fleisch geben.

5 Den Knoblauch schälen, halbieren und am Ende der Garzeit mit der Orangen- und Zitronenschale dazugeben. Die Sauce mit Salz und Oregano würzen und knapp unter dem Siedepunkt 5 Minuten ziehen lassen. Knoblauch, Orangen- und Zitronenschale sowie das Gewürzsäckchen wieder entfernen.

6 Den Rinderbraten in Scheiben schneiden und mit der Rotweinsauce und dem Schmorgemüse auf vorgewärmten Tellern anrichten.

» Dazu passt eine Parmesan-Polenta: Dafür 100 g Parmesanrinde mit einem starken Messer in etwa 1 cm große Stücke schneiden. Je ½ Liter Geflügelbrühe und Milch mit 1 Lorbeerblatt aufkochen. 100 g Maisgrieß einrieseln lassen, die Käserinde hinzufügen und die Polenta unter häufigem Rühren etwa 30 Minuten köcheln lassen. Die Parmesanrinde würzt beim Kochen die Polenta und wird so weich, dass man sie ohne weiteres mitessen kann. «

Geschnetzeltes vom Rind mit Rotweinzwiebeln

Für die Zwiebeln:

400 g Perlzwiebeln

1 EL Puderzucker

¼ l kräftiger Rotwein

4 cl Marsala (ital. Dessertwein)

300 ml Geflügelbrühe

1 Lorbeerblatt

Salz · Pfeffer aus der Mühle

1 Knoblauchzehe

2 Thymianzweige

Für das Geschnetzelte:

100 g Pancetta
(ital. Bauchspeck; in Scheiben)

3 EL Öl

1 Lorbeerblatt · 2 cm Zimtrinde

je 1 EL Fenchelsamen, schwarze
Pfefferkörner, Pimentkörner und
Wacholderbeeren

600 g Roastbeef (küchenfertig)

Salz · Pfeffer aus der Mühle

2 EL Butter

Für 4 Personen

1 Für die Zwiebeln von den Perlzwiebeln die Wurzeln entfernen. Die Zwiebeln 5 Minuten in kaltes Wasser legen und dann schälen.

2 Den Puderzucker in einem flachen Topf hell karamellisieren lassen und die Perlzwiebeln darin glasig dünsten. Mit den Weinen ablöschen und auf ein Drittel reduzieren lassen. Die Brühe angießen, das Lorbeerblatt dazugeben und die Sauce bei milder Hitze 40 Minuten mehr ziehen als köcheln lassen.

3 Die Rotweinzwiebeln mit Salz und Pfeffer würzen. Den Knoblauch schälen, halbieren und mit dem Thymian dazugeben.

4 Für das Geschnetzelte die Pancetta in 1 bis 2 cm große Streifen schneiden. In einer Pfanne 1 EL Öl erhitzen, den Speck darin anbraten und auf Küchenpapier abtropfen lassen. Lorbeerblatt, Zimtrinde und Fenchelsamen grob zerstoßen und mit Pfefferkörnern, Piment und Wacholderbeeren in eine Gewürzmühle füllen.

5 Das Fleisch in dickere Streifen schneiden, mit den Gewürzen aus der Mühle würzen und portionsweise in einer Pfanne im restlichen Öl kurz von beiden Seiten anbraten. Mit der Pancetta zu den Rotweinzwiebeln geben und mit Salz und Pfeffer würzen. Zuletzt die Butter zum Geschnetzelten geben und darin schmelzen lassen. Das Rindergeschnetzelte auf vorgewärmten Tellern anrichten.

≫Das Roastbeef sollte 2 bis 3 Wochen abgehangen sein, damit es beim Braten schön zart wird. Zum Braten eine große Pfanne verwenden und das Fleisch am besten portionsweise anbraten, damit es kein Wasser zieht und saftig bleibt.
Wer möchte, kann zum Schluss noch kleine, kernlose weiße Trauben zum Geschnetzelten geben. Als Beilage eignet sich Polenta oder Gnocchi. ≪

Schweinebraten »Südtiroler Stuben«

1,5 kg rohes Wammerl
(Schweinebauch)
½ l Geflügelbrühe
500 g kleine Schalotten
1–2 Möhren
1 große Stange Staudensellerie
2 EL Olivenöl
150 ml Rotwein
1–2 TL Tomatenmark
200 g Cocktailtomaten
1 Knoblauchzehe
1 Streifen unbehandelte
Zitronenschale
½ TL ganzer Kümmel
½ TL getrockneter Oregano
1 EL weiche Butter
Salz · Pfeffer aus der Mühle

Für 6–8 Personen · siehe Foto rechts

1 Den Backofen auf 130 °C vorheizen. Das Wammerl mit der Fettschicht nach unten in einen Bräter legen und die Hälfte der Brühe angießen. Die Fettschicht sollte völlig mit Brühe bedeckt sein, ansonsten noch etwas Brühe dazugeben.

2 Das Fleisch im vorgeheizten Ofen 1 Stunde garen. Herausnehmen, wenden und die Schwarte mit einem scharfen Messer in Scheibendicke einschneiden. Die Brühe abgießen, beiseite stellen und den Bräter reinigen.

3 Die Schalotten schälen. Die Möhren schälen und in ½ bis 1 cm breite und 3 cm lange Stifte schneiden. Den Staudensellerie putzen, waschen und in 2 bis 3 cm lange Stifte schneiden.

4 Schalotten, Möhren und Sellerie im Bräter im Olivenöl bei milder Hitze andünsten. Mit dem Wein ablöschen, das Tomatenmark unterrühren und sirupartig reduzieren lassen. Die beiseite gestellte Brühe mit der restlichen Brühe angießen und den Schweinebraten auf das Gemüse setzen. Die Backofentemperatur auf 160 °C erhöhen und den Braten weitere 2 ½ Stunden garen. Für eine schöne Kruste in den letzten 20 Minuten die Oberhitze auf 220 °C zuschalten.

5 Die Cocktailtomaten waschen, vierteln und 10 bis 15 Minuten vor Ende der Garzeit zum Braten geben.

6 Den Knoblauch schälen und ebenso wie die Zitronenschale sehr klein schneiden. Beides mit dem Kümmel und dem Oregano im Mörser fein zerreiben. Die Gewürzmischung mit der Butter verrühren und 5 Minuten vor Ende der Garzeit zum Gemüse geben.

7 Den Braten aus dem Ofen nehmen, in Scheiben schneiden und mit Salz und Pfeffer würzen. Das Gemüse und den Bratensaft ebenfalls mit Salz und Pfeffer würzen und mit dem Schweinebraten auf vorgewärmten Tellern anrichten.

»Zum Braten im Ofen sollten Ober- und Unterhitze verwendet werden, da die Sauce bei Umluftbetrieb zu stark verdunsten würde. Lässt sich die Oberhitze nicht – wie oben beschrieben – extra zuschalten, für eine schöne Kruste die Ofentemperatur am Schluss auf 220 bis 240 °C erhöhen. «

Schweinefilet mit Tomatenpesto

40 g getrocknete Tomaten
2 EL Weißweinessig
2 Knoblauchzehen · 130 ml Olivenöl
1 EL geröstete Mandelblättchen
1 EL frisch geriebener Parmesan
Cayennepfeffer · Zucker
500 g Schweinefilet (küchenfertig)
Salz · Pfeffer aus der Mühle
100 ml Gemüsebrühe
1 EL Kapern-Einlegesud
1 Rosmarinzweig
1 Streifen unbehandelte
Zitronenschale
3 Wacholderbeeren
1 EL eingelegte Kapern

Für 4 Personen

1 Die Tomaten mit dem Essig in ½ l Wasser knapp unter dem Siedepunkt etwa 30 Minuten ziehen lassen, abgießen und abtropfen lassen. Den Knoblauch schälen und in Scheiben schneiden. 2 Scheiben beiseite legen, den Rest in 1 EL Olivenöl goldgelb braten. Die weichen Tomaten mit Knoblauch, Mandeln, Parmesan und 100 ml Öl pürieren und mit Cayennepfeffer, Zucker und nach Belieben Salz abschmecken.

2 Den Backofen auf 100 °C vorheizen. Das Fleisch mit Salz und Pfeffer würzen und im restlichen Öl von allen Seiten anbraten. Auf einem Ofengitter im vorgeheizten Ofen etwa 40 Minuten garen.

3 Brühe und Kapernsud erwärmen. Rosmarin, restlichen Knoblauch, Zitronenschale und Wacholderbeeren dazugeben und darin 5 Minuten ziehen lassen. Rosmarin, Knoblauch, Zitronenschale und Wacholder wieder entfernen, 2 EL Pesto und die Kapern untermischen. Die Sauce mit Salz, Pfeffer, Cayennepfeffer und Zucker würzen. Das Filet in Scheiben schneiden und mit der Tomatenpesto-Sauce beträufeln.

Geschmorte Lammkeule

Für die Lammkeule:

2 kleine Zwiebeln

1 Möhre

1 Petersilienwurzel

1 Stange Staudensellerie

1 Lammkeule (ca. 1,5 kg;
küchenfertig, mit Knochen)

2 EL Öl · 1 TL Puderzucker

150 ml Rotwein

1–2 TL Tomatenmark

400 ml Geflügelbrühe

1 Lorbeerblatt

½ Knoblauchzehe

1 Streifen unbehandelte
Zitronenschale

1 kleiner Rosmarinzweig

Zum Fertigstellen:

2 Bund Frühlingszwiebeln

200 g breite grüne Bohnen

Salz · 50 ml Gemüsebrühe

1 EL Olivenöl

1 Scheibe Knoblauch

einige Salbeiblätter

Für 4–6 Personen

1 Für die Lammkeule den Backofen auf 160 °C vorheizen. Zwiebeln, Möhre und Petersilienwurzel schälen. Zwiebeln in Spalten, Möhre und Petersilienwurzel in Scheiben schneiden. Den Staudensellerie putzen, waschen und schräg in 1 cm breite Scheiben schneiden.

2 Die Lammkeule in einem Bräter im Öl bei mittlerer Hitze von allen Seiten anbraten und herausnehmen. Den Puderzucker auf den Bratensatz stäuben und hell karamellisieren lassen. Mit dem Wein ablöschen, das Tomatenmark unterrühren und sirupartig reduzieren lassen. Das Gemüse hinzufügen und die Brühe angießen. Die Lammkeule auf das Gemüse setzen und im vorgeheizten Ofen zugedeckt etwa 3 Stunden schmoren, dabei öfter mit dem Bratenfond begießen.

3 Nach 2 ¼ Stunden Garzeit das Lorbeerblatt hinzufügen. Kurz vor Ende der Garzeit den ungeschälten Knoblauch, die Zitronenschale und den Rosmarin dazugeben, einige Minuten im Bratenfond ziehen lassen und mit dem Lorbeerblatt wieder entfernen.

4 Zum Fertigstellen die Frühlingszwiebeln und die grünen Bohnen putzen, waschen und schräg in 1 cm breite Ringe bzw. in 1 cm breite Rauten schneiden. Getrennt in Salzwasser blanchieren, in Eiswasser abschrecken und auf einem Sieb abtropfen lassen.

5 Die Brühe mit Olivenöl, Knoblauch und Salbei in einer Pfanne erwärmen und die Frühlingszwiebeln und Bohnen darin schwenken.

6 Die Lammkeule in Scheiben schneiden und mit dem Schmorgemüse, dem Frühlingszwiebel-Bohnen-Gemüse und der Sauce auf vorgewärmten Tellern anrichten.

» Sie können das Fleisch auch vor dem Garen vom Knochen lösen. Dann sollte das Fleisch aber mit Küchengarn gebunden werden, damit es sich anschließend leichter tranchieren lässt. Der Knochen kann in der Sauce mitgegart werden. Zu der geschmorten Lammkeule passen sehr gut die Ravioli mit Bohnen und Speck von Seite 59. «

Pappardelle mit Kaninchenragout

Für das Ragout:

4 Kaninchenkeulen

1 kleine Zwiebel

½ Möhre · 100 g Knollensellerie

2 cm Zimtrinde

1–2 TL Pimentkörner

1 EL schwarze Pfefferkörner

1–2 TL Wacholderbeeren

1 EL Olivenöl

100 ml Weißwein

2 cl ital. Weinbrand

(z. B. Vecchia Romagna)

1 TL Wermut (z. B. Noilly Prat)

400 ml Geflügelbrühe

1–2 EL Mascarpone (ca. 40 g)

50 g getrocknete Aprikosen

1 Scheibe Knoblauch

1 kleines Lorbeerblatt

*1 Streifen unbehandelte
Zitronenschale*

Cayennepfeffer

einige Tropfen Zitronensaft

Für die Pasta:

350 g Pappardelle · Salz

Zum Fertigstellen:

2 EL Petersilie (gehackt)

Für 4 Personen · siehe Foto rechts

1 Für das Ragout das Kaninchenfleisch vom Knochen lösen, in die einzelnen Muskelpartien zerteilen und je nach Größe der Stücke ein- oder zweimal quer durchschneiden.

2 Zwiebel, Möhre und Knollensellerie schälen und in sehr kleine Würfel schneiden. Die Zimtrinde grob zerstoßen und mit Piment, Pfefferkörnern und Wacholderbeeren in eine Gewürzmühle füllen.

3 Das Kaninchenfleisch in einem Topf im Olivenöl bei mittlerer Hitze von allen Seiten anbraten. Die Gemüsewürfel hinzufügen und kurz andünsten. Mit Wein, Weinbrand und Wermut ablöschen und die Flüssigkeit fast völlig reduzieren lassen. Die Brühe angießen und das Fleisch zugedeckt gut 1 Stunde mehr ziehen als köcheln lassen.

4 Das Fleisch aus dem Fond nehmen und den Fond durch ein Sieb gießen. Den Mascarpone mit dem Stabmixer untermischen. Die Aprikosen vierteln und mit dem Knoblauch, dem Lorbeerblatt und der Zitronenschale hinzufügen. Den Fond mit den Gewürzen aus der Mühle sowie mit Cayennepfeffer und Zitronensaft würzen und knapp unter dem Siedepunkt 5 Minuten ziehen lassen. Knoblauch, Lorbeerblatt und Zitronenschale wieder entfernen.

5 Für die Pasta die Pappardelle nach Packungsanweisung in reichlich Salzwasser bissfest kochen, in ein Sieb abgießen und abtropfen lassen.

6 Zum Fertigstellen das Kaninchenfleisch, das Gemüse und die Pappardelle im Mascarponefond kurz erwärmen. Auf vorgewärmten Tellern anrichten und mit der Petersilie bestreuen.

»Kaninchen hat ähnlich wie Hähnchen weißes, zartes und fettarmes Fleisch. Achten Sie beim Einkauf darauf, dass das Fleisch hell und feucht und die Knochen weiß sind.«

Frikassee vom Lamm mit Artischocken

800 g Lammfleisch
(aus der Schulter; küchenfertig)
3 EL Öl · 80 ml Weißwein
2 Zwiebeln · 1,2 l Geflügelbrühe
2 eingelegte Sardellenfilets
2 EL Mascarpone
150 g grüne Bohnen
250 g Artischockenböden
(geviertelt, aus dem Glas)
1 Knoblauchzehe
1 Streifen unbehandelte
Zitronenschale
1 TL Minze (gehackt)
1 EL Petersilie (gehackt)
Salz · Pfeffer aus der Mühle

Für 4 Personen

1 Lamm in 2 bis 3 cm große Würfel schneiden und bei mittlerer Hitze in 2 EL Öl von allen Seiten anbraten. Mit Wein ablöschen und auf ein Drittel reduzieren lassen. Zwiebeln schälen, in kleine Würfel schneiden und im restlichen Öl bei milder Hitze glasig dünsten. 1/8 l Brühe angießen und bei milder Hitze 10 Minuten köcheln lassen. Die Zwiebeln samt Flüssigkeit zum Lamm geben und zugedeckt bei milder Hitze 3 Stunden weich schmoren lassen. Dann das Fleisch herausnehmen, restliche Brühe angießen und auf die Hälfte reduzieren lassen. Sardellen abtropfen lassen, mit Brühe und Mascarpone pürieren und durch ein Sieb in den Topf streichen. Das Fleisch wieder dazugeben.

2 Bohnen putzen, waschen, in Salzwasser blanchieren, in Eiswasser abschrecken und abtropfen lassen. Mit den Artischocken zum Frikassee geben. Knoblauch schälen und halbieren. Mit der Zitronenschale hinzufügen, 5 Minuten darin ziehen lassen und wieder entfernen. Die Kräuter untermischen und das Frikassee mit Salz und Pfeffer würzen.

Lammkoteletts mit Peperonata

Für die Koteletts:

1 kg Lammkarree (ca. 1,2 kg, ohne Fett, mit Rippenknochen)
Salz · Pfeffer aus der Mühle
2 EL Öl

Für die Peperonata:
1 Zwiebel
je 1 rote und gelbe Paprikaschote
80 ml Olivenöl
150 ml Gemüsebrühe
1 rote Chilischote
1 Lorbeerblatt
1 Thymianzweig
½ Knoblauchzehe
1 TL abgeriebene unbehandelte Zitronenschale
1 EL Basilikum (gehackt)
Salz · Pfeffer aus der Mühle

Für 4 Personen

1 Für die Koteletts den Backofen auf 100 °C vorheizen. Die Rippen vom Lammkarree mit einem kleinen Messer sorgfältig putzen, sodass kein Fleisch mehr daran zu sehen ist. Das Karree mit Salz und Pfeffer würzen und zuerst mit der gewölbten Seite (Außenseite) in einer Pfanne im Öl bei mittlerer Hitze anbraten. Das Fleisch wenden und von allen Seiten anbraten, sodass sich die Poren schließen. Aus der Pfanne nehmen, auf ein Ofengitter mit untergeschobenem Abtropfblech legen und im vorgeheizten Ofen etwa 35 Minuten rosa garen.

2 Für die Peperonata die Zwiebel schälen, halbieren und in dünne Scheiben schneiden. Die Paprika mit dem Sparschäler schälen, vierteln, entkernen, waschen und in dünne Streifen schneiden.

3 Die Zwiebelscheiben in einer Pfanne in 3 EL Olivenöl glasig dünsten. Die Paprika dazugeben, kurz anbraten und mit der Brühe ablöschen. Chilischote, Lorbeerblatt und Thymian dazugeben und das Gemüse bei milder Hitze 25 bis 30 Minuten weich schmoren. Lorbeerblatt, Chilischote und Thymian wieder entfernen.

4 Ein Fünftel der Peperonata mit dem restlichen Olivenöl in einen hohen Rührbecher füllen und mit dem Stabmixer pürieren. Das Püree unter die restliche Peperonata mischen. Ungeschälten Knoblauch, Zitronenschale und Basilikum dazugeben und die Peperonata mit Salz und Pfeffer würzen. Lauwarm abkühlen lassen und den Knoblauch wieder entfernen.

5 Das Lammkarree in die einzelnen Koteletts schneiden und auf vorgewärmte Teller verteilen. Die Peperonata als Dip dazu servieren.

» Wer die Peperonata nicht ganz so scharf mag, lässt die Chilischote weg und würzt die Peperonata nur mit wenig Cayennepfeffer. «

Wildhasenkeulen in Balsamico-Rotwein-Sauce

40 g Rosinen

7 EL Balsamicoessig

je 1 TL Orangeat und Zitronat

1 EL Grappa (ital. Tresterbrand)

1 Stange Staudensellerie

1 große Zwiebel · 1 Möhre

4 Wildhasenkeulen (küchenfertig)

2 EL Öl · 1 EL Puderzucker

¼ l kräftiger Rotwein

1–2 EL Tomatenmark

1 l Geflügelbrühe

3 Wacholderbeeren

1 TL schwarze Pfefferkörner

5 Pimentkörner

1 kleines Lorbeerblatt

½ Knoblauchzehe

je 1 Streifen unbehandelte
Orangen- und Zitronenschale

5 g Zartbitterschokolade

Salz · Pfeffer aus der Mühle

30 g Pinienkerne

Für 4 Personen

1 Die Rosinen in 2 EL Essig, Orangeat und Zitronat in Grappa einweichen. Den Staudensellerie putzen und waschen, die Zwiebel und die Möhre schälen. Das Gemüse in kleine Würfel schneiden.

2 Die Hasenkeulen in einem Schmortopf im Öl von allen Seiten anbraten, herausnehmen und das restliche Öl aus dem Topf tupfen. Den Puderzucker hineinstäuben und hell karamellisieren lassen. Mit dem restlichen Essig ablöschen und sirupartig reduzieren lassen.

3 Den Wein angießen, das Tomatenmark unterrühren und sämig reduzieren lassen. Das Gemüse dazugeben, die Brühe angießen und die Hasenkeulen auf das Gemüse legen. Zugedeckt knapp unter dem Siedepunkt etwa 3 Stunden weich schmoren. Den Deckel dabei so auflegen, dass ein Spalt offen bleibt.

4 Wacholderbeeren, Pfefferkörner und Piment in ein Gewürzsäckchen binden. 30 Minuten vor Ende der Garzeit mit Lorbeerblatt, Orangeat, Zitronat und Rosinen samt Einweichsud in die Sauce geben und noch etwas reduzieren lassen.

5 Dann den ungeschälten Knoblauch sowie die Orangen- und Zitronenschale hinzufügen und 5 Minuten darin ziehen lassen. Lorbeerblatt, Knoblauch, Orangen- und Zitronenschale sowie das Gewürzsäckchen wieder entfernen. Die Schokolade in der Balsamico-Rotwein-Sauce schmelzen lassen. Die Sauce mit Salz und Pfeffer abschmecken.

6 Die Pinienkerne in einer Pfanne ohne Fett goldgelb rösten. Das Gemüse auf vorgewärmte Teller verteilen, je eine Hasenkeule darauf setzen, mit der Sauce beträufeln und mit den Pinienkernen bestreuen.

≫ Als Beilage schmecken dazu Wacholder-Gnocchi: Dafür 1 ½ EL Wacholderbeeren in einer Pfanne ohne Fett rösten, bis sie zu duften beginnen und glänzen. Abkühlen lassen und im Mörser fein zerstoßen. Anstelle der Orangenschale unter den Gnocchiteig von Seite 96 mischen und die Gnocchi wie dort beschrieben zubereiten. ≪

Gewürfelter Wildhasenrücken auf Kastanienrisotto

Für den Risotto:

100 g rohe Esskastanien (geschält;
ersatzweise gegarte,
geschälte Esskastanien)
ca. ³/₄ l heiße Geflügelbrühe
1 Zwiebel · 2 EL Olivenöl
250 g Risottoreis (z. B. Arborio
oder Vialone nano)
80 ml Weißwein
1 kleines Lorbeerblatt
100 g Pancetta (ital. Bauchspeck;
in Scheiben)
1 Scheibe Knoblauch
je 1 Stück unbehandelte Orangen-
und Zitronenschale
Cayennepfeffer
2 EL kalte Butter
1 Prise Kaffeepulver
2 EL frisch geriebener Parmesan

Für den Hasenrücken:

400 g Hasenrückenfilet
(küchenfertig)
1 EL Öl
Salz · Pfeffer aus der Mühle
1 TL Puderzucker
150 ml Barolo
(ital. Rotwein aus dem Piemont)
40 g kalte Butter

Für 4 Personen · siehe Foto rechts

1 Für den Risotto die Kastanien in ¹/₄ l Brühe 15 bis 20 Minuten weich garen. In ein Sieb abgießen, dabei die Brühe auffangen. Die Kastanien abtropfen lassen, etwas abkühlen lassen und vierteln. Die Brühe für den Risotto weiterverwenden.

2 Die Zwiebel schälen, in kleine Würfel schneiden und in einem flachen, breiten Topf in 1 EL Olivenöl glasig dünsten. Den Reis dazugeben und ebenfalls glasig dünsten. Mit dem Wein ablöschen, einkochen lassen und das Lorbeerblatt hinzufügen. Unter häufigem Rühren immer wieder etwas heiße Brühe angießen und bei milder Hitze einkochen lassen, bis die Reiskörner weich sind, aber noch Biss haben.

3 Die Pancetta in Streifen schneiden und in einer Pfanne im restlichen Öl bei milder Hitze anbraten. Die Kastanien hinzufügen und kurz mitbraten. Speck, Kastanien, Knoblauch, Orangen- und Zitronenschale kurz vor Ende der Garzeit unter den Risotto mischen. Den Risotto mit Salz und Cayennepfeffer würzen.

4 Die Butter ebenfalls unter den Risotto mischen. Knoblauch, Orangen- und Zitronenschale wieder entfernen und den Risotto mit Kaffeepulver und Parmesan verfeinern.

5 Für den Hasenrücken das Filet in 1 bis 1 ¹/₂ cm breite Stücke schneiden. In einer Pfanne im Öl bei mittlerer Hitze von allen Seiten anbraten, mit Salz und Pfeffer würzen und herausnehmen. Den Puderzucker auf den Bratensatz stäuben und hell karamellisieren lassen. Mit dem Wein ablöschen und sirupartig reduzieren lassen.

6 Die kalte Butter in kleine Würfel schneiden und nach und nach unter die Sauce rühren. Die Fleischstücke in der Sauce noch kurz erwärmen, dabei sollte die Sauce nicht mehr kochen.

7 Den Risotto auf vorgewärmte Teller verteilen und die Wildhasenstücke mit der Sauce darauf anrichten.

» *Bei der Zubereitung von Risotto immer nur wenig heiße Flüssigkeit angießen, damit der Garprozess nicht unterbrochen wird. Erst wenn der Reis die Flüssigkeit vollkommen aufgesaugt hat, erneut nachgießen.* «

Rehragout mit Marsala

700 g Rehfleisch (aus Schulter oder
Keule; küchenfertig)
80 g Knollensellerie
1 kleine Möhre · 2 kleine Zwiebeln
1–2 EL Öl · 1 EL Puderzucker
80 ml Rotwein
120 ml Marsala (ital. Dessertwein)
1 EL Tomatenmark
ca. 1 l Geflügelbrühe
5 Pimentkörner
1 TL schwarze Pfefferkörner
5 Wacholderbeeren
1 Lorbeerblatt · 1 Rosmarinzweig
1 Streifen unbehandelte
Orangenschale

Für 4 Personen

1 Das Fleisch in 1 bis 2 cm große Würfel schneiden. Knollensellerie, Möhre und Zwiebeln schälen und in kleine Würfel schneiden. Das Fleisch in einem breiten Topf im Öl bei mittlerer Hitze von allen Seiten anbraten und herausnehmen. Den Puderzucker im Topf bei mittlerer Hitze hell karamellisieren lassen, mit den Weinen ablöschen, das Tomatenmark unterrühren und auf ein Drittel reduzieren lassen. Das Fleisch mit dem Gemüse hinzufügen und so viel Brühe angießen, dass das Fleisch gerade bedeckt ist. Zugedeckt bei milder Hitze etwa 2 Stunden weich schmoren.

2 Piment, Pfefferkörner und Wacholderbeeren in ein Gewürzsäckchen binden und mit dem Lorbeerblatt 20 Minuten vor Ende der Garzeit zum Fleisch geben. Das Ragout offen fertig schmoren. Rosmarin und Orangenschale hinzufügen und einige Minuten im Ragout ziehen lassen. Mit dem Gewürzsäckchen und dem Lorbeerblatt wieder entfernen. Das Rehragout mit Wacholder-Gnocchi (siehe Tipp Seite 115) servieren.

Wildschweinragout mit Polenta-Mandel-Püree

Für das Ragout:

800 g Wildschweinschulter
(küchenfertig, ohne Knochen)
200 g Knollensellerie · 1 Möhre
2 Zwiebeln · 1–2 EL Öl
200 ml Rotwein
4 cl ital. Weinbrand
(z. B. Vecchia Romagna)
1 EL Tomatenmark
ca. ½ l Geflügelbrühe
1 Lorbeerblatt
½ TL schwarze Pfefferkörner
5 Wacholderbeeren
5 Pimentkörner
2 cm Zimtrinde
1 Knoblauchzehe (halbiert)
1 Scheibe Ingwer
1 Streifen unbehandelte
Orangenschale
½ TL Puderzucker
4 EL Balsamicoessig
je 40 g getrocknete Feigen und
getrocknete Aprikosen
5 g Zartbitterschokolade
Salz · Pfeffer aus der Mühle
2 EL Butter

Für das Püree:

2–3 EL Mandelblättchen · 1 EL Öl
½ l Geflügelbrühe · ½ l Milch
1 kleines Lorbeerblatt
100 g Maisgrieß · Salz
frisch geriebene Muskatnuss

Für 4 Personen · siehe Foto rechts

1 Für das Ragout das Fleisch in 2 bis 3 cm große Würfel schneiden. Knollensellerie, Möhre und Zwiebeln schälen und in 1 bis 2 cm große Würfel schneiden.

2 Das Fleisch in einem breiten Topf im Öl bei mittlerer Hitze portionsweise von allen Seiten anbraten und herausnehmen. Den Bratensatz mit 100 ml Wein und dem Weinbrand ablöschen, das Tomatenmark unterrühren und sirupartig reduzieren lassen. Den restlichen Wein angießen und nochmals reduzieren lassen.

3 Das Gemüse und die Fleischwürfel dazugeben und mit so viel Brühe aufgießen, dass das Fleisch gut bedeckt ist. Bei milder Hitze knapp unter dem Siedepunkt etwa 1 ½ Stunden weich schmoren. Nach 1 Stunde Lorbeerblatt, Pfefferkörner, Wacholderbeeren, Piment und zerstoßene Zimtrinde dazugeben.

4 Nach dem Ende der Garzeit das Fleisch aus dem Topf nehmen. Die Sauce durch ein Sieb passieren und je nach Konsistenz noch etwas reduzieren lassen. Ungeschälten Knoblauch, Ingwer und Orangenschale hinzufügen, einige Minuten in der Sauce ziehen lassen und wieder entfernen.

5 Den Puderzucker in einer Pfanne bei mittlerer Hitze hell karamellisieren lassen, mit dem Essig ablöschen und auf die Hälfte reduzieren lassen.

6 Die Feigen und die Aprikosen vierteln und mit der Schokolade zur Schmorsauce geben. Mit Salz, Pfeffer und dem reduzierten Balsamico abschmecken. Die Butter dazugeben und darin schmelzen lassen. Das Fleisch wieder in die Sauce geben und kurz erwärmen.

7 Für das Püree die Mandelblättchen in einer Pfanne ohne Fett goldgelb rösten, herausnehmen und mit dem Öl verrühren. Die Brühe mit der Milch und dem Lorbeerblatt aufkochen, den Maisgrieß einrieseln und unter häufigem Rühren etwa 30 Minuten köcheln lassen. Die Mandeln mit dem Öl unterrühren. Das Lorbeerblatt entfernen und das Püree mit Salz und Muskatnuss abschmecken.

8 Das Wildschweinragout mit dem Polenta-Mandel-Püree auf vorgewärmten Tellern anrichten.

Kaninchenkeulen in Moscato

250 g Schalotten

50 g roher Schinken (in Scheiben)

100 g kleine weiße Champignons

4 Kaninchenkeulen (ausgelöst und

in 12 Stücke geschnitten)

Salz · Pfeffer aus der Mühle · 3 EL Öl

¼ l Moscato (ital. Weißwein)

1–2 EL Tomatenmark

1 l Geflügelbrühe

5 Pimentkörner

1 TL schwarze Pfefferkörner

5 Wacholderbeeren · 1 Lorbeerblatt

je 2 Streifen unbehandelte Oran-

gen- und Zitronenschale

1 Knoblauchzehe · 1 Rosmarinzweig

Für 4 Personen

1 Schalotten schälen und halbieren. Schinken in 1 cm breite Streifen schneiden. Champignons putzen und halbieren. Fleisch salzen, pfeffern und in 1 EL Öl anbraten. Schalotten in 1 EL Öl glasig dünsten, mit Wein ablöschen. Tomatenmark unterrühren und sämig reduzieren lassen. Die Brühe angießen, das Fleisch dazugeben und zugedeckt knapp unter dem Siedepunkt etwa 1 ¼ Stunden schmoren. Piment, Pfefferkörner und Wacholderbeeren in ein Gewürzsäckchen binden und nach 1 Stunde mit dem Lorbeerblatt zum Fleisch geben.

2 Das Fleisch herausnehmen, die Sauce noch etwas reduzieren lassen. Orangen- und Zitronenschale, ungeschälten, halbierten Knoblauch und Rosmarin dazugeben, 5 Minuten darin ziehen lassen und mit dem Lorbeerblatt und dem Gewürzsäckchen wieder entfernen. Die Sauce mit Salz und Pfeffer würzen und das Fleisch darin nochmals erwärmen. Die Pilze im restlichen Öl 2 Minuten anbraten, mit Salz und Pfeffer würzen und mit dem Schinken zum Fleisch geben.

Dolci

Erdbeer-Pfirsich-Tiramisu

Für die Mascarponecreme:

2 Eigelb
60 g Puderzucker
250 g Mascarpone
100 g Sahne
2 Eiweiß
4 cl Pfirsichlikör

Zum Fertigstellen:

200 g Erdbeeren
500 g Pfirsiche (aus der Dose)
4 cl Pfirsichlikör
200 g Löffelbiskuits

Zum Anrichten:

4 Erdbeeren
1 Pfirsichhälfte (aus der Dose)
einige Minzeblätter

Für 6 – 8 Personen

1 Für die Mascarponecreme das Eigelb mit 30 g Puderzucker in einem Schlagkessel im heißen Wasserbad hellschaumig aufschlagen, vom Herd nehmen und den Mascarpone unterrühren.

2 Die Sahne halbsteif schlagen. Das Eiweiß mit dem restlichen Puderzucker steif schlagen und unter die Sahne heben. Den Sahneschnee unter die Mascarponemasse heben und die Creme mit dem Pfirsichlikör abschmecken.

3 Zum Fertigstellen die Erdbeeren waschen, putzen und in Scheiben schneiden. Die Pfirsiche auf einem Sieb abtropfen lassen, dabei den Saft auffangen. Die Pfirsichhälften in Scheiben schneiden, den Saft mit dem Pfirsichlikör verrühren.

4 Die Hälfte der Löffelbiskuits kurz in den Pfirsichsaft tauchen und dicht nebeneinander in eine rechteckige Auflaufform schichten. Jeweils die Hälfte der Mascarponecreme, der Pfirsiche und der Erdbeeren darauf verteilen. Auf den Früchten wiederum eingetauchte Löffelbiskuits verteilen, mit Creme bestreichen und mit den restlichen Früchten belegen. Die restliche Mascarponecreme auf den Früchten verstreichen. Das Tiramisu im Kühlschrank mehrere Stunden durchziehen lassen.

5 Zum Anrichten das Tiramisu in Portionsstücke teilen, aus der Form heben und auf Dessertteller setzen. Mit Erdbeeren, Pfirsichspalten und Minzeblättern anrichten.

» Das Dessert kann auch in Portionsförmchen oder in Gläser geschichtet werden. Dafür eignet sich anstatt der Löffelbiskuits besser ein Biskuitboden, der möglichst dünn geschnitten und entsprechend ausgestochen wird. Wird das Tiramisu in Gläser gefüllt, sehen Erdbeerscheiben am Rand des Glases besonders dekorativ aus. «

Orangenblüten-Panna-cotta mit Himbeersauce

Für 4 Personen

1 Für die Panna cotta die Milch mit 200 g Sahne, der aufgeschnittenen Vanilleschote, der Orangenschale und dem Zucker aufkochen, kurz köcheln lassen und durch ein Sieb gießen.

2 Die Gelatine in kaltem Wasser einweichen, gut ausdrücken und in der heißen Sahnemilch auflösen. Mit dem Orangenblütenwasser abschmecken und abkühlen lassen, bis die Masse zu gelieren beginnt.

3 Die restliche Sahne halbsteif schlagen und unter die Sahnemilch heben. In Portionsförmchen füllen und im Kühlschrank mindestens 2 Stunden fest werden lassen.

4 Für die Himbeersauce die Früchte verlesen. Mit dem Zucker in einen hohen Rührbecher geben, mit dem Stabmixer pürieren und durch ein Sieb streichen. Mit Zitronensaft und Puderzucker abschmecken.

5 Zum Anrichten die Förmchen in heißes Wasser tauchen und die Panna cotta auf Dessertteller stürzen. Die Himbeersauce daneben träufeln. Die Himbeeren verlesen, in Puderzucker wälzen und die Orangenblüten-Panna-cotta damit garnieren.

» Dieses Rezept ist eine etwas leichtere Version der klassischen Panna cotta, die im Original nur mit Sahne und ohne Milch zubereitet wird. Zu der Orangenblüten-Panna-cotta passen auch heiße gemischte Beeren oder Kirschen. «

Schokoladen-Tagliatelle mit Kirschragout und Kokosstreuseln

Für den Nudelteig:

140 g Mehl · 4 EL Kakaopulver

2 TL Puderzucker

1 Ei · 1 Eigelb · 2–3 EL Öl

Salz · 1 Msp Vanillemark

Mehl zum Ausrollen

Für das Ragout:

300 g Kirschen

100 ml Rotwein

75 ml roter Portwein

75 ml Cassis (Likör aus schwarzen Johannisbeeren)

50 g Honig · ½ Zimtrinde

Mark von ½ Vanillestange

je 1 Streifen unbehandelte Orangen- und Zitronenschale

1 TL Speisestärke

Für die Streusel:

25 g Butter · 2 EL brauner Zucker

1 TL weißer Zucker · Salz

1 Msp abgeriebene unbehandelte Zitronenschale

1 Msp Vanillemark

1 Prise gemahlener Zimt

2 EL Mehl

1 geh. EL Kokosflocken

Zum Fertigstellen:

Salz · Zucker

Für 4 Personen

1 Für den Nudelteig Mehl, Kakao, Puderzucker, Ei, Eigelb, Öl, 1 Prise Salz und das Vanillemark in der Küchenmaschine zu einem glatten, elastischen Teig verkneten. In Frischhaltefolie wickeln und mindestens 30 Minuten kühl stellen.

2 Den Teig mit der Nudelmaschine oder dem Nudelholz dünn ausrollen, dabei mit etwas Mehl bestäuben. Die Teigbahnen in Streifen schneiden und bis zur Weiterverarbeitung auf mit Mehl bestäubten Küchenhandtüchern auslegen.

3 Für das Ragout die Kirschen waschen, halbieren und entsteinen. Die beiden Weine mit dem Cassis, dem Honig, der Zimtrinde, dem Vanillemark, der Orangen- und der Zitronenschale aufkochen. Die Stärke mit 1 bis 2 EL kaltem Wasser glatt rühren und nach und nach in den kochenden Gewürzwein rühren, bis der gewünschte Bindegrad erreicht ist. Noch 1 Minute köcheln lassen, durch ein Sieb passieren, über die Kirschen gießen und abkühlen lassen.

4 Für die Kokosstreusel den Backofen auf 180 °C vorheizen. Die Butter mit braunem und weißem Zucker, 1 Prise Salz, der Zitronenschale, dem Vanillemark und dem Zimt vermischen. Mehl und Kokosflocken dazugeben und mit der Buttermischung nur kurz verkneten, sodass ein bröseliger Teig entsteht.

5 Die Streusel auf einem mit Backpapier ausgelegten Blech locker verteilen und im vorgeheizten Ofen 5 bis 8 Minuten hellbraun backen. Herausnehmen, abkühlen lassen und etwas zerbröckeln.

6 Zum Fertigstellen in einem großen Topf reichlich Wasser mit Salz und Zucker aufkochen. Die Tagliatelle darin 3 bis 5 Minuten ziehen lassen. Die Kirschen mit dem Sud in einer großen tiefen Pfanne erwärmen. Die Tagliatelle in ein Sieb abgießen, kurz abtropfen lassen und mit den Kirschen in der Pfanne mischen.

7 Die Schokoladen-Tagliatelle mit dem Kirschragout auf vorgewärmten Pastatellern anrichten und mit den Kokosstreuseln bestreuen.

Pochierte Schokoladen-Mandel-Creme auf Erdbeerrosette

Für die Creme:

150 g Zucker

½ TL Zitronensaft

⅜ l Milch

1 Ei

2 Eigelb

abgeriebene Schale von
½ unbehandelten Zitrone

1 EL Kakaopulver

75 g Amaretti (ital. Mandelkekse)

Für die Erdbeerrosette:

500 g Erdbeeren

1 EL Zitronensaft

1 TL Grand Marnier
(franz. Orangenlikör)

2 EL Puderzucker

Für 4 kleine Souffléförmchen (à 100 ml Imhalt)

1 Für die Creme ein Wasserbad vorbereiten. Dafür ein Blatt Küchenpapier in eine tiefe Auflaufform legen und etwa 2 cm hoch heißes Wasser in die Form füllen. Den Backofen auf 120 °C vorheizen. Die Auflaufform auf ein Ofengitter auf der unteren Schiene stellen.

2 In einer kleinen Pfanne 75 g Zucker hell karamellisieren lassen und mit dem Zitronensaft und 2 TL Wasser ablöschen. Je 1 EL Karamell in die Souffléförmchen geben.

3 Die Milch auf etwa 40 °C erwärmen. Ei mit Eigelb, restlichem Zucker, Zitronenschale und Kakao in einen hohen Rührbecher geben, die vorbereitete Milch sofort mit dem Stabmixer untermischen und in eine Schüssel gießen. Die Amaretti mit den Händen zerbröseln und unterrühren.

4 Die Eiermilch bis knapp unter den Rand in die Förmchen gießen und im heißen Wasserbad im vorgeheizten Ofen etwa 45 Minuten pochieren, bis die Creme gestockt ist. Aus dem Ofen nehmen und im Kühlschrank abkühlen lassen.

5 Für die Erdbeerrosette die Erdbeeren waschen und putzen. 12 mittelgroße Erdbeeren beiseite legen. Die restlichen Erdbeeren vierteln und mit Zitronensaft, Grand Marnier und Puderzucker in einen hohen Rührbecher füllen. Mit dem Stabmixer pürieren und durch ein Sieb streichen.

6 Die beiseite gelegten Erdbeeren längs in Scheiben schneiden, auf Dessertellern rosettenförmig anrichten und mit der Erdbeersauce bestreichen. Die Creme mit einem scharfen Messer vom Förmchenrand lösen und jeweils in die Mitte der Erdbeerrosetten stürzen.

≫ Die Schokoladen-Mandel-Creme schmeckt auch sehr gut, wenn sie lauwarm serviert wird. ≪

Melonensuppe mit Marzipan-Ravioli und Minze

Für die Suppe:

1 vollreife Charentais- oder Kantalupmelone

2 cl Campari (ital. Bitter-Aperitif)

4 EL Orangensaft

Saft von ½ Zitrone · 30 g Zucker

60 ml weißer Portwein

100 ml Prosecco

Zitronensaft und Puderzucker zum Abschmecken

Für die Ravioli:

100 g doppelgriffiges Mehl

1 Ei · 1 TL Öl · Salz

1 EL Mandelblättchen

150 g Marzipanrohmasse

4 EL Milch · 1 EL Orangenlikör

1 TL Amaretto (ital. Mandellikör)

je 1 Msp abgeriebene unbehandelte Orangen- und Zitronenschale

Mehl zum Ausrollen

Eiweiß zum Bestreichen

Zum Fertigstellen:

Salz · Zucker

Mark von ½ Vanilleschote

je 1 Streifen unbehandelte Orangen- und Zitronenschale

1 Sternanis

Zum Anrichten:

4 Minzestiele

Für 4 Personen

1 Für die Suppe die Melone halbieren, die Kerne entfernen und aus dem Fruchtfleisch einige kleine Kugeln (etwa 120 g) als Einlage ausstechen. Das restliche Fruchtfleisch (etwa 400 g) mit Campari, Orangensaft, Zitronensaft, Zucker und Portwein mit dem Stabmixer pürieren. Den Prosecco unterrühren.

2 Die Melonenkugeln in die Suppe legen und zugedeckt mehrere Stunden kühl stellen. Kurz vor dem Servieren mit Zitronensaft und Puderzucker abschmecken und nach Belieben 1 Schuss Prosecco hinzufügen.

3 Für die Ravioli Mehl, Ei, Öl und 1 Prise Salz in der Küchenmaschine zu einem glatten, elastischen Teig verkneten. In Frischhaltefolie wickeln und mindestens 30 Minuten kühl stellen.

4 Die Mandelblättchen in einer Pfanne ohne Fett goldgelb rösten. Die Marzipanrohmasse mit der Milch, dem Orangenlikör und dem Amaretto glatt rühren. Die Mandelblättchen und die Orangen- und Zitronenschale unterrühren.

5 Den Teig halbieren und mit der Nudelmaschine oder dem Nudelholz zu zwei langen, dünnen Teigbahnen ausrollen, dabei mit etwas Mehl bestäuben. Eine Teigbahn dünn mit Eiweiß bestreichen, etwas Marzipanfüllung im Abstand von etwa 2 cm darauf setzen und die zweite Teigbahn locker und so glatt wie möglich darüber legen. Mit den Fingern um die Füllung herum andrücken. Mit einem runden Ausstecher (3 bis 4 cm Durchmesser) Ravioli ausstechen und die Ränder ohne Luftblasen verschließen.

6 Zum Fertigstellen in einem Topf reichlich Wasser mit Salz und Zucker aufkochen. Vanillemark, Orangen- und Zitronenschale und Sternanis hinzufügen und die Ravioli darin etwa 2 Minuten ziehen lassen. Mit einer Schaumkelle herausheben und abtropfen lassen.

7 Die Melonensuppe mit den Marzipan-Ravioli in Suppentellern anrichten. Die Minzeblätter von den Stielen zupfen, in feine Streifen schneiden und über die Suppe streuen.

Karamellisierte Reiscreme mit Rotweinbirnen

Für die Rotweinbirnen:

4 reife, feste kleine Birnen

1 EL Puderzucker

100 ml roter Portwein

¹/₄ l Rotwein

¹/₄ l schwarzer Johannisbeersaft

100 g Zucker

1 Vanilleschote

¹/₂ Zimtrinde

1 Scheibe Ingwer

2 dünne Streifen unbehandelte
Orangenschale

1 gestr. EL Speisestärke

4 cl Cassis (Likör aus schwarzen
Johannisbeeren)

Für die Reiscreme:

60 g Zucker

1 Msp gemahlener Zimt

400 ml Milch

Salz

Mark von ¹/₂ Vanilleschote

100 g Milchreis

je 1 Streifen unbehandelte
Orangen- und Zitronenschale

3 ¹/₂ Blatt Gelatine

2 Eiweiß

100 g Sahne

Zum Fertigstellen:

brauner Zucker zum
Karamellisieren

evtl. Butter für die Form

Für 4 Portionsförmchen (à ca. 100 ml Inhalt)

1 Für die Rotweinbirnen die Birnen schälen und mit einem Kugelausstecher von unten die Kerngehäuse entfernen. Den Puderzucker in einem Kochtopf karamellisieren lassen und mit den beiden Weinen ablöschen. Johannisbeersaft und Zucker hinzufügen. Die aufgeschnittene Vanilleschote, die Zimtrinde, den Ingwer und die Orangenschale dazugeben und die Flüssigkeit aufkochen. Die Birnen im Wein je nach Reifegrad knapp unter dem Siedepunkt etwa 10 Minuten ziehen lassen, dabei sollten sie nicht zu weich werden. Die Früchte aus dem Gewürzsud nehmen.

2 Die Speisestärke mit etwas kaltem Wasser glatt rühren. Den Rotweinsud aufkochen, die Stärke unterrühren und etwa 2 Minuten kochen lassen. Durch ein Sieb gießen, mit dem Cassis verrühren und die Birnen wieder in den Sud legen. Mit einem Blatt Backpapier direkt bedecken und mindestens 12 Stunden ziehen lassen.

3 Für die Reiscreme den Backofen auf 180 °C vorheizen. 2 EL Zucker mit dem Zimt vermischen. Die Milch mit 1 Prise Salz, dem Vanillemark und dem Zimtzucker aufkochen. Den Milchreis in einem Sieb kurz waschen und abtropfen lassen. In die Milch rühren, Orangen- und Zitronenschale hinzufügen und den Reis zugedeckt im vorgeheizten Ofen etwa 20 Minuten quellen lassen. Die Gelatine in kaltem Wasser einweichen, gut ausdrücken und im heißen Reis auflösen.

4 Das Eiweiß mit dem restlichen Zucker zu cremigem Schnee schlagen und unter den warmen Reis ziehen. Abkühlen lassen. Die Sahne steif schlagen und unterheben. Den Reis in Portionsförmchen füllen und zugedeckt im Kühlschrank einige Stunden fest werden lassen.

5 Zum Fertigstellen die Portionsförmchen in heißes Wasser tauchen und die Reiscreme auf eine kalte Platte stürzen. Mit dem braunen Zucker bestreuen und mit einem Gasbrenner goldbraun karamellisieren. Oder den Backofengrill einschalten und die Creme in eine gefettete Auflaufform stürzen. Mit dem Zucker bestreuen und unter dem Grill auf der oberen Schiene goldbraun karamellisieren lassen.

6 Zum Anrichten die Birnen aus dem Sud nehmen, abtropfen lassen und in Spalten schneiden. Die karamellisierte Reiscreme mit den Rotweinbirnen und etwas Gewürzsud auf Desserttellern anrichten.

Gebackene Mürbeteigschleifen mit Zabaione

Für den Mürbeteig:

1 Ei

25 g feiner Kristallzucker

25 g Puderzucker

abgeriebene Schale von
1 unbehandelten Orange

1 EL Cognac · Salz

15 g weiche Butter

125 g Mehl

Mehl zum Ausrollen

neutrales Öl oder Butterschmalz
zum Frittieren

Puderzucker zum Bestäuben

Für die Zabaione:

5 Eigelb

1 Ei

40 g Zucker

100 ml Marsala
(ital. Dessertwein)

Für 1 Servierplatte

1 Für den Mürbeteig das Ei mit dem Zucker, dem Puderzucker, der Orangenschale, dem Cognac und 1 Prise Salz vermischen. Die weiche Butter in Flöckchen dazugeben und mit dem Mehl rasch unterkneten. Den Mürbeteig in Frischhaltefolie wickeln und mindestens 1 Stunde kühl stellen.

2 Den Teig mit der Nudelmaschine oder dem Nudelholz etwa 4 mm dick ausrollen und mithilfe eines Teigrads auf der bemehlten Arbeitsfläche in 1 1/2 cm breite und 15 bis 20 cm lange Streifen schneiden. Jeden Teigstreifen vorsichtig zu einem Knoten binden.

3 In der Fritteuse oder in einem großen Topf das Öl oder Butterschmalz auf 170 °C erhitzen. Die Mürbeteigschleifen portionsweise in wenigen Minuten goldbraun ausbacken, mit der Schaumkelle herausheben und auf Küchenpapier abtropfen lassen. Mit Puderzucker bestäuben.

4 Für die Zabaione Eigelb, Ei und Zucker in einem Schlagkessel im heißen Wasserbad hellschaumig aufschlagen. Den Marsala dazugeben und weiterschlagen, bis die Zabaione eine cremig-schaumige Konsistenz hat. Dabei sollte das Wasser immer knapp unter dem Siedepunkt bleiben.

5 Die Mürbeteigschleifen auf einer Platte anrichten und die Zabaione zum Dippen in kleinen Schüsseln dazu servieren.

≫ Je höher der Zuckeranteil in der Zabaione ist, desto stabiler wird die Creme. Vorsicht: Wird die Masse zu lange geschlagen, trennt sie sich wieder.
Die Zabaione kann lauwarm oder kalt serviert werden. Zum Abkühlen sollten Sie den Schlagkessel in eine Schüssel mit Eiswasser stellen und die Zabaione kalt rühren. Lässt man die warme Zabaione einfach abkühlen, setzt sich die Flüssigkeit langsam ab. ≪

Kaffee-Cantuccini

2 Eier
140 g Zucker
1 TL Instant-Kaffeepulver
1 EL Rum
155 g Mehl
1 TL Backpulver
1 TL gemahlener Zimt
100 g Walnusshälften
(grob gehackt)

Für etwa 70 Stück

1. Den Backofen auf 180 °C vorheizen.

2. Die Eier mit 125 g Zucker und dem Kaffeepulver in einem Schlagkessel im heißen Wasserbad hellschaumig aufschlagen. Den Rum hinzufügen und die Creme im kalten Wasserbad oder in der Küchenmaschine schlagen, bis sie abgekühlt ist.

3. Mehl, Backpulver und Zimt in eine Schüssel sieben und mit den Walnüssen unter den Eierschaum heben. Den Teig in einen Spritzbeutel mit großer Lochtülle füllen und etwa 3 cm breite Streifen mit etwas Abstand auf ein mit Backpapier ausgelegtes Backblech spritzen.

4. Den restlichen Zucker darüber streuen und das Gebäck im vorgeheizten Ofen auf der unteren Schiene etwa 25 Minuten backen. Das Gebäck herausnehmen und die Ofentemperatur auf 160 °C reduzieren.

5. Das Gebäck abkühlen lassen, in 1 cm dicke Stücke schneiden, auf dem Blech verteilen und weitere 20 Minuten im Ofen trocknen lassen. Die abgekühlten Cantuccini in Gebäckdosen aufbewahren.

Nussnougatküsschen

Für die Plätzchen:

100 g Zucker
150 g weiche Butter
1 Msp Vanillemark
100 g Mehl
100 g Haselnüsse
(geröstet und gerieben)
Mehl zum Ausrollen

Zum Fertigstellen:

200 g Nussnougat
Puderzucker zum Bestäuben

Für etwa 70 Stück

1. Für die Plätzchen Zucker, Butter und Vanillemark mithilfe eines Teigschabers gleichmäßig vermischen, ohne die Masse schaumig zu rühren. Mehl und Haselnüsse rasch unterkneten, den Teig in Frischhaltefolie wickeln und mindestens 1 Stunde kühl stellen.

2. Den Backofen auf 160 °C vorheizen. Den Teig kurz durchkneten, auf der bemehlten Arbeitsfläche 2 mm dick ausrollen und mit einem runden Ausstecher (3 bis 4 cm Durchmesser) Plätzchen ausstechen. Auf ein mit Backpapier ausgelegtes Backblech setzen und im vorgeheizten Ofen 12 bis 15 Minuten hell backen.

3. Zum Fertigstellen den Nougat mithilfe eines Teigschabers zu einer geschmeidigen Masse verarbeiten und in einen Spritzbeutel mit kleiner Lochtülle füllen. Auf die Hälfte der abgekühlten Plätzchen etwas Nougat spritzen, die andere Hälfte darauf setzen. Die Plätzchen mit Puderzucker bestäuben.

Register

Bildnachweis

Umschlaginnenseiten:
StockFood/Caspar Carlott
Porträt S. 7: Alexander Haselhoff
Kapitelaufmacher:
Christian R. Schulz

DIE REZEPTE DER FERNSEHFOLGEN IM BUCH